文系学生のための企業研究

自分に合う業界・企業を見つけよう

富樫佳織 ［著］

中央経済社

目　次

第3章　組織分析：
仕事を知る —————————————— 23

第4章　企業のビジネスモデル ————— 37

第**5**章　財務諸表を読めるようになる

――――――――――――――― 44

第**6**章　SWOT分析：

有価証券報告書と企業HPから分析する ――――― 60

Part2　主要業界の企業分析

第7章　自動車業界 ――――――― 75

第11章　食品業界 ———————— 128

第12章　小売（コンビニ）業界 ——— 142

Part3　実　践

第15章　企業研究を就職活動に活かすために ——— 184

第1章 ゼロからの企業研究法

1 経営学のフレームワークで企業を分析してみよう

　本書を執筆している2020年は、年明けから世界が新型コロナウィルスの感染に覆われました。ほとんどの国、ほとんどの産業で経済活動が同時に停滞し、テレワークの浸透なども追い風となってビジネスの構造が刻々と変わっていく、そんな時代に私たちは生きています。

　日本を代表する企業のひとつである全日本空輸（ANA）は、海外渡航が規制された影響で2020年上半期の売上高が2,918億円となり、前年同時期に比べてマイナス7,641億円、実に72.4％も減少しました[1]。同じ航空業界の日本航空（JAL）や、旅行関係の企業も大きく収益を減少させました（日本航空は2020年上半期の売上が1,947億円で、前年同期比マイナス5,541億円、74％の減少です[2]。JTBグループは、同じく2020年上半期売上が1,298億円で、前年同期比マイナス5,562億円、81.1％減少しました[3]）。

　こうした大きな変化は企業の採用活動や、大学生の就職活動にも影響を与えています。**表1-1**は、2020年卒〜2022年卒の大学生を対象に調査した、就職人気企業ランキングです。大きく減収となった全日本空輸（ANA）は、2017年から3年連続で大学生が入りたい企業の1位でした。2020年卒大学生のランキングを見ると、日本航空は3位、JTBは8位と上位に位置しています。ところが、2022年卒を調査対象とした人気ランキングでは20位以内にその企業名が

表1-1 就職人気ランキング（2020年卒・2021年卒・2022年卒）

2020年卒 調査期間：2018年10月1日〜2019年3月5日		2021年卒 調査期間：2019年10月1日〜2020年3月5日		2022年卒 調査期間：2020年4月1日〜2020年9月30日	
順位	企業名	順位	企業名	順位	企業名
1	全日本空輸（ANA）	1	伊藤忠商事	1	伊藤忠商事
2	明治グループ（明治・Meiji seika ファルマ）	2	全日本空輸（ANA）	2	三菱商事
3	日本航空（JAL）	3	日本生命保険	3	日本生命保険
4	日本生命保険	4	大和証券グループ	4	大和証券グループ
5	大和証券グループ	5	明治グループ（明治・Meiji seika ファルマ）	5	博報堂/博報堂DYメディアパートナーズ
6	伊藤忠商事	6	博報堂/博報堂DYメディアパートナーズ	6	損害保険ジャパン
7	みずほフィナンシャルグループ	7	丸紅	7	味の素
8	JTBグループ	8	大日本印刷	8	明治グループ（明治・Meiji seika ファルマ）
9	大日本印刷	9	損害保険ジャパン	9	集英社
10	丸紅	10	日本航空（JAL）	10	バンダイ
11	博報堂/博報堂DYメディアパートナーズ	11	JTBグループ	11	大日本印刷
12	三菱UFJ銀行	12	SMBC日興証券	12	第一生命保険
13	SMBC日興証券	13	第一生命保険	13	ソニーミュージックグループ
14	ロッテ	14	ロッテ	14	ジェイアール東日本企画
15	ジェイアール東日本企画	15	みずほフィナンシャルグループ	15	Sky
16	りそなグループ	16	ジェイアール東日本企画	16	住友商事
17	第一生命保険	17	Sky	17	講談社
18	ソニーミュージックグループ	18	ソニーミュージックグループ	18	東京海上日動火災保険
19	東日本旅客鉄道（JR東日本）	19	みずほ証券	19	SMBC日興証券
20	野村證券	20	りそなグループ	20	資生堂

［出所］宇都宮徹（2019）「2万人の就活生が選んだ『就職人気ランキング』ANAが3年連続1位，メガバンク離れが加速」東洋経済オンライン
（2019年4月12日配信）（https://toyokeizai.net/articles/-/276220）
宇都宮徹（2020）「就活生2.4万人が選んだ『就職人気ランキング』1位伊藤忠，コロナ影響でランキングに異変」東洋経済オンライン（2020年4月6日配信）（https://toyokeizai.net/articles/-/342049）
宇都宮徹（2020）「大学3年生9000人が選ぶ『就職人気ランキング』9月末時点の速報版，総合商社に人気集まる」東洋経済オンライン（2020年10月31日配信）（https://toyokeizai.net/articles/-/385245）
（いずれも最終確認日：2020年12月7日），以上を参照し筆者作成

ありません。

　人気企業ランキングが大きく変わった背景には新卒採用を中止したことや，大幅な人数削減を企業が発表した影響がもちろんあります。一方，2022年卒を対象としたランキングで総合商社や食品会社が目立つのは，コロナの影響を大きく受けなかったことや，働き方改革を積極的に進めていることが学生にとって魅力と映ったように読み取ることができます。

　一方で，アフターコロナの時代を考えた際には，今，収益が落ち込んでいる企業にも，今までとは異なる新たな成長機会が考えられます。通信5Gの実用化やAI，IoTの実装化が進むため，これまでには存在しないビジネスや職業が多数生まれるでしょう。

　変化の激しい，不確実性の高い時代に，皆さんはどのように自分の将来を考えますか？　先の見えない不安から，安定した企業を選びたいと考える人もいるでしょう。ところが，現時点で安定している企業が10年後も安定していると言えるでしょうか。メディアでよく名前を聞く企業が，この先もずっと変わらずに同じ事業を行っているでしょうか。

　新型ウィルスの流行や，技術革新による社会変化だけではありません。地球温暖化により大きな災害の起こる頻度が世界的に高まっていますし，重工業を発展させてきた燃料資源は地球規模で減少し続けています。

　このような時代だからこそ，若い皆さんが自身の将来を考える時には，企業の本質をしっかりと分析する知識とスキルをつけるべきだと私は考えます。

　「企業が社会に対してどのように貢献しようとしているのか」

　「企業の活動によって生み出される製品や経済効果は，私たちの生活にどの

ように影響を与えているのか」

　そして

「皆さんは，企業のどのような考えや活動に共感するのか」

　大学で授業をしていて，経営学部ではない多くの学生は，企業分析の方法を習う機会がないまま自分の将来を考える状況に置かれていることに気がつきました。だからこそ，不確実な未来に対する戸惑いばかりが大きくなったり，逆に，今まで言われてきた定説を鵜呑みにして進路を決めてしまうケースもあるように感じます。そこで本書では，MBAで学ぶ主な**企業分析法やフレームワーク**を用いて，経営学部学生ではないあなたでも，自分で入手可能な資料を元に，気になる企業を分析できる方法をまとめました。

　実は私自身，大学の学部は経営学部ではありませんでした。企業に就職し，後に社会人修士としてビジネススクールで学んだ際，本書でも紹介する経営分析法を用いて，ひたすら様々な企業を分析しました。経営学とは，企業がいかに生存し続けられるかを追求する学問です。「経営戦略」「ファイナンス」「マーケティング」「人材・組織」といった経営領域で研究されてきた理論やフレームワークは，企業が自社の資源や能力を生かして，いかに事業を持続させていくかを理解する鍵となります。

　ビジネスは，不確実性の高い状況でこそ，事実を見つめ意思決定を行うことが重要です。個人レベルでも，不安の大きな時代だからこそ，ひとりひとりが事実をしっかり把握した上で，揺るぎない決断ができるようになる必要があります。

　若者が企業に入社した後についても，気になるデータがあります。**図1-1**は，大卒の就職者数，大卒3年以内の離職者数，離職率（中央値）をまとめたものです。

　2015年から2017年までの3年間で，日本では約135万人が大学を卒業して企業に就職していますが，2017年には，勤務3年以内の社員15万人が離職しています。折れ線グラフは，入社1年目から3年目までの社員それぞれの離職率データの真ん中の値，つまり中央値を示しています。2009年，リーマンショックの翌年以降，離職率は上昇し続けています。

　人材サービス企業のアデコ株式会社の調査によると，入社3年以内の若者が

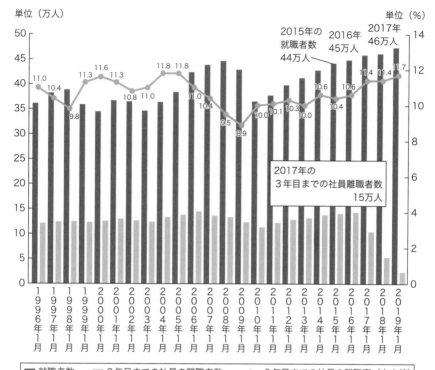

図1-1 大学卒業後3年以内離職者の推移（1996年～2019年）

単位（万人）　　　　　　　　　　　　　　　　　　　　　　単位（%）

[注1] 事業所からハローワークに対して，新規学卒者として雇用保険の加入届が提出された新規被保険者資格取得者の生年月日，資格取得加入日等，資格取得理由から
[注2] 各学歴ごとに新規学卒者と推定される就職者数を算出し，更にその離職日から離職者数・離職率を算出している
[注3] 3年目までの社員の離職率については，1年目，2年目，3年目社員のそれぞれのパーセンテージの中央値とした
[出所] 厚生労働省（2020）「新規学校卒業就職者の在職期間別離職状況」を元に筆者作成

　退職した理由の上位には「自分の希望と業務内容のミスマッチ」「キャリア形成が望めない」といった回答があります[4]。結果から，希望した部署に配属されず悩んでしまったことも読み取れますが，**入社する前に丁寧に企業研究を行っていれば，同じようにはならなかったのではないか**と感じます。
　企業の雇用意識の変化を背景に，今の20代は，人生で数回仕事を変えること

になるだろうと言われるようになりました。それでも，新卒で企業に入社したらある程度の年数勤務を続け，スキルを磨くことが個人にとっての大きな力となります。

　誰にでも，やりがいを持って取り組める仕事，理念に共感できる会社があるはずです。仕事を通じて社会に貢献していくために，イメージではなく，事実をしっかりと見極める力を身につけてほしいと思います。

　また本書は，企業への就職を考えるためだけではなく，自ら起業を志す若い方にとって，成功企業の足跡や戦略を知る上での手がかりをつかむことにも役立ちます。

2　本書での学び方

　本書ではまず，第2章から第6章で，多くの学生にとって親しみのある映画会社を対象とし，詳しい企業の分析法を学びます。インターネットで入手できる企業データから，どのような点に着眼すべきかを解説します。また，各章末には，自分自身で気になる企業の分析を行うためのワークシートを記載しています。自分で資料を集めて，実際に企業分析を行ってみましょう。

【Part1　業界・企業研究の基礎】
第2章　歴史分析：企業の理念や資源を知る
第3章　組織分析：仕事を知る
第4章　企業のビジネスモデル
第5章　財務諸表を読めるようになる
第6章　SWOT分析：有価証券報告書と企業HPから分析する

　次に第7章から第14章では，日本を代表する複数の業界を分析しています。
【Part2　主要業界の企業分析】
第7章　自動車業界
第8章　金融業界（メガバンク）
第9章　情報通信業界（携帯キャリア）

　異なる業界，企業を比較して学ぶことで，今まで抱いていたイメージとは違う，企業それぞれの特徴を発見していきましょう。企業には，人と同じように個性があることがわかるでしょう。

　最後に第15章では，企業研究を実際に就職活動に活かすための方法をまとめています。

【Part 3　実　践】

第15章　企業研究を就職活動に活かすために

　人も，企業も，それぞれ歩んできた歴史が違えば，理念，強みと弱みも違います。ここでは企業研究から見出したポイントを具体的に自分の将来と重ね合わせ考えてみましょう。

　経営学を学ぶ中で，多くの先生が「企業は人よりも長生きする。経営者や社員がもし寿命を迎えても，企業は正しい戦略で経営することでずっと生きながらえる」とおっしゃいます。私はこの考え方が大好きです。

　人の命には限りがありますが，自分が社会に貢献した事実は，関わる企業が存続する限り，その歴史の一部となって残っていきます。自分が共感できる場所で，仕事を通じて発揮する創造性や能力が，企業の力となり蓄積していくのは素敵なことではないでしょうか。

┃ 注 ┃

1　ANAホールディングス株式会社「2021年3月期　第2四半期決算説明資料」
（https://www.ana.co.jp/group/investors/data/kessan/pdf/2021_10_1.pdf）（最終
確認日：2020年12月7日）

2　日本航空株式会社「2021年3月期　第2四半期決算説明資料」（https://www.jal.
com/ja/investor/library/results_briefing/pdf/fy2020q2_1030ja.pdf）（最終確認日：
2020年12月7日）

3　JTB広報室『News Rerease』「JTBグループ2020年4月～9月期連結決算概要」
（2020年11月20日発行）（https://press.jtbcorp.jp/jp/.assets/20年度中間期連結決算
-85fdb4fb.pdf）（最終確認日：2020年12月7日）

4　アデコ株式会社「新卒入社3年以内離職の理由に関する調査」（https://www.
adeccogroup.jp/power-of-work/061）（最終確認日：2020年12月7日）

Part 1

業界・企業研究の基礎

第**2**章

歴史分析

企業の理念や資源を知る

1　この章のポイント

　企業を分析する時には，その企業がどのような歴史を辿ってきたのかにまず
注目をしてみましょう。企業は，事業活動を通して社会に貢献をする主体です。
事業活動は，会社が目指す理念（企業理念）に基づいて実行されています。歴
史を紐解くことで，企業が社会に対して掲げている考え方がどのように生まれ
たのかということや，企業が時を重ねて蓄積してきた強みを見つけることがで
きます。

　この企業理念や強みに自分が深く共感できるかどうかは，就職活動をする際
にとても重要です。自分が企業の一員となって働く際，理念に共感できていれ
ば，その活動に対して違和感を持たずに仕事ができるでしょう。

　企業の歴史は，企業のホームページの「企業（会社）概要」に「沿革」や
「会社の歴史」といった項目があるので，自分で調べることができます。

2　映画業界の歴史分析

　映画のはじまりは，1895年にフランスのリュミエール兄弟が発明した「シネ
マトグラフ」だと言われています。この，撮影と映写がひとつでできる複合映
写機の発明は，撮影した映像を人々に見せるというビジネスにつながっていき

表2-1　1950年代の日本の主な映画会社（設立順）

	設立年	企業
1	1912年	日本活動写真株式会社
2	1920年	松竹株式会社　映画部門設立
3	1937年	東宝映画株式会社
4	1943年	大映株式会社
5	1947年	株式会社新東宝映画製作所
6	1951年	東映株式会社

ます。

　日本で最初の映画専門会社は，1912年に設立された日本活動写真株式会社，いわゆる日活です。1920年には，文楽や歌舞伎の舞台興行を主としていた松竹が映画部門を作り，東京・大田区に蒲田撮影所を開設しました。1937年には東宝映画株式会社が，1951年には東横映画，太泉映画，東京映画配給会社を合併させた東映株式会社が設立されました。戦後，1950年代の日本には，現在の3社を加えた6つの映画会社がありました（**表2-1**）。

3　第二次世界大戦後の映画3社（1950年代〜）

　ここからは，戦後6社のうち現在まで映画製作を続けている東宝，松竹，東映の3社に注目をして歴史の分析をしていきます。

　第二次世界大戦で敗戦をした日本は当時，連合軍の占領下にあり，映画の企画や製作に制約が設けられていました。特に禁止されていたのは，時代劇です。刀で人を斬る場面を描く時代劇は，西洋諸国の人々には残虐な印象を与えました。また戦後の統治をしていく上で，日本人の反骨心を煽ると考えられました。しかし1951年にサンフランシスコ講和条約が締結され，連合軍の占領から日本が独立をすると，こうした映画企画の制約も撤廃されました。この1950年代に，日本の映画3社は独自の特色ある作品を作り始めます。

4 映画３社の歴史分析（1950年代）：企業の資源を見極めよう

4-1 松竹（1950年代）

　1920年代に映画部門を設立した松竹は，蒲田撮影所（1920年開設），大船撮影所（1936年開設），京都太秦撮影所（1940年開設）を擁し，戦後復興から近代の生活に移行する人々の姿を描いた作品を次々と製作しました。『東京物語』の小津安二郎監督作品に代表されるホームドラマや，戦中に出会った男女の恋愛を描く『君の名は』といったヒット作を輩出し，**文芸性の高い作品を看板としました**。ところが**この時代，映画は急激に大衆娯楽化**します。その結果，観客のニーズと，松竹が追い求める文芸性の高い作品との間には次第にギャップも生まれていきました。

4-2 東宝（1950年代）

　東宝は，阪急電鉄グループの映画会社として設立されました。鉄道の駅を起点に，大型の映画館や百貨店を作り，都市開発を進めてきたのが親会社の事業です。戦後の1951年，この阪急グループの創始者である小林一三が東宝の社長に就任した際に掲げた「百館主義」は，「全国の主要都市に100の劇場を確保して，巨大な興行チェーンを作る」というものです。東宝は自らを興行，つまり映画館運営をメインとする会社としながらも，直営の映画館に良質な作品を供給することを目的とし，東京の世田谷に撮影所を作りオリジナル作品の製作を始めました。

　都心の映画館にたくさんの観客を集めるため，特撮や大掛かりなロケーション撮影を行う「大作」に力を注ぎ，1954年には『ゴジラ』『宮本武蔵』『七人の侍』を相次いでヒットさせました。以来，**東宝はスケールの大きな「大作主義」を推し進めていく**ことになります。

4-3　東映（1950年代）

　戦後に複数の映画会社を合併して設立された東映（1951年設立）は作品制作に事業を集中させて，自社直営の映画館を持ちませんでした。そのため，松竹や東宝が運営する映画館や，興行専門会社が運営する映画館のスクリーンを確保して作品を観客に届けました。そうなるとどうしても，直営の映画館を持つライバル企業の作品が優先されてしまいます。

　そこで東映は「メインの作品」と「短編」の「２本立て上映」を企画して，映画館への配給を交渉しました。当時の東映は，ニューフェイスと言われる若く華やかな俳優が専属で契約をしており，時代劇での派手な立ち回りと，わかりやすいストーリーで大衆の人気を博しました。大人が鑑賞する「メイン作品」と，子供向けが多い「短編」を組み合わせて観客の層を拡大した東映は，1955年には３社の中で興行収入トップとなりました。東映は，**大きな資源（劇場）を持たずとも，マーケティング（上映方法や顧客のニーズへの対応）によって成功を収めた**会社と言えます。

4-4　企業が持つ資源とは

　ここで1950年代の映画会社の資源を経営学の観点から確認しましょう。企業が競争環境の中で独自性を持った事業をするために，それぞれが独自の資源を持つと論じたのは，コリス＆モンゴメリーの著書『資源ベースの経営戦略論』（東洋経済新報社，2004年）です。企業ごとに独自性のある資源分析を行っていくのが本来ですが，ここではまず映画業界の企業が保有する資源をまとめてみましょう。企業の資源を大きく分類すると「有形資産」「無形資産」「組織の能力」となります（**表2-2**）。

　図2-1は，1950年代の映画３社の独自性をまとめたものです。企業の歴史を調べると，その企業がどのような資源を持っているか，どのような戦略を実施しているかが見えてきます。

　自分で企業研究をする時も，まずはこのように大まかな資源と戦略を書き出して整理するといいでしょう。

表2-2 1950年代の映画会社の資源

資源	具体的内容	映画会社の場合
有形資産	不動産，設備・機械，原材料など	撮影所，映画館
無形資産	会社の評判，ブランドネーム，文化，技術的知識，特許や商標	知名度，ブランド，映画撮影技術，編集技術開発，作品の著作権
組織の能力	人材，事業を行うプロセスの複雑な組み合わせ方	原作者との関係，プロデューサー・監督・スタッフ・俳優などの人材，企画から上映までのプロセス

［出所］デビット・J・コリス，シンシア・A・モンゴメリー著　根来龍之，蛭田啓，久保亮一訳（2004）
　　　　『資源ベースの経営戦略論』（東洋経済新報社）p.45を元に筆者作成

図2-1 映画3社の独自性（1950年代）

松竹	
資源（無形・組織）	監督，所属スター，社員
資源（有形）	映画館，撮影所，劇場
顧客ターゲット	都市に暮らすインテリ層
作風	文芸性が高い
製品戦略	芸術追求主義

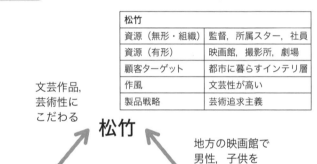

文芸作品，芸術性にこだわる

松竹

地方の映画館で男性，子供をターゲットに

都市部のターミナル駅に映画館を作り大作を上映

東宝　　　東映

東宝	
資源（無形・組織）	監督，所属スター，社員
資源（有形）	映画館，撮影所，劇場
顧客ターゲット	全国の都市部に暮らす人
作風	上品，正義
製品戦略	大作主義

東映	
資源（無形・組織）	監督，所属スター，社員
資源（有形）	撮影所
顧客ターゲット	地方の映画館に来る大衆
作風	華やか，分かりやすい
製品戦略	大衆娯楽主義

［出所］筆者作成

14

5 映画３社の歴史分析（1960年代）：
大きな変化を乗り越える

　図２-２は，日本映画の観客動員数の推移です。第二次世界大戦後，３社それぞれがヒットを生み出してきた日本の映画業界ですが，観客動員数は1958年をピークに急激に減少します。

　1953年に白黒テレビ放送が始まり，1964年の東京オリンピックに向けて，その４年前にはカラー放送も始まりました。テレビは1960年に国内の普及率が90％に達しました。戦後わずか10年ほどで，映画界には大きなピンチが訪れます。2020年代の現在で考えると，インターネットやスマートフォンの普及で，テレビ，新聞，雑誌といったマスメディアから，デジタルメディアに顧客が流

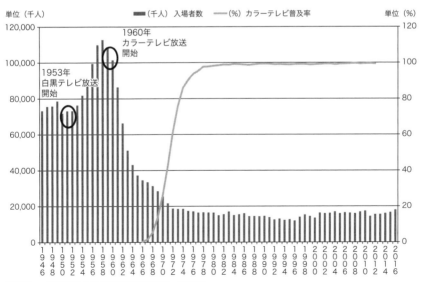

図2-2 日本国内の映画観客動員数推移とテレビ受像機の普及率（1946年〜2016年）

白黒テレビ放送開始（1953年，NHK・日本テレビ），カラーテレビ放送開始（1960年）

［出所］一般社団法人日本映画製作者連盟，内閣府

れている状況と同じような現象です。

この時代の映画3社はそれぞれが持つ資源を活用して、時代の変化に挑んでいきました。

5-1 松竹 (1960年代)

松竹は、蒲田撮影所、大船撮影所という施設と、小津安二郎や大島渚といった芸術性の高い作品を次々と輩出する名監督を専属として擁し、他の2社が娯楽作品の色を強めていく一方で、**テレビとは一線を画した映画芸術を追求して**いきます。

産業の構造で見ていくと「製作」「配給」「興行」を自社で一本化し、高品質な作品を直営の映画館で独占的に上映することで収益を上げました。同時に、映画買い付け部門を作ってハリウッドやヨーロッパの外国映画の調達を行い、直営映画館で上映をして作品のバリエーションを広げていきました。また、多くはありませんが、テレビドラマの製作も行いました（**図2-3**）。

図2-3 1960年代の松竹の戦略

〈松竹〉

テレビドラマ製作も行うが、本数は多くなく
映画製作から興業までの体制を維持する

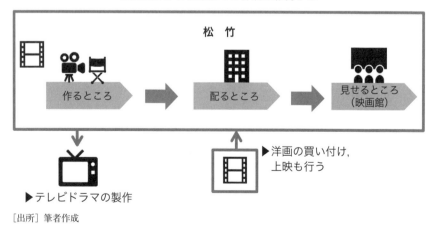

　[出所] 筆者作成

16

5-2　東宝（1960年代）

　東宝は，戦後に掲げた「百館主義」戦略での，興行主体の会社という方針に基づいて，テレビが目覚ましい勢いで普及する1960年代の厳しい状況の中，配給と興行に会社の事業をしぼる判断をしました。**事業を選択して，資源を集中させる**ことで効率化とコストの削減を行い，観客が減少する中でも企業を持続させる戦略です。ここで『ゴジラ』などの名作を支えた特撮部門，製作部門は別会社となりました。また，東宝系列の会社に属さない，独立プロダクションも多数生まれました（**図2-4**）。

　東宝の本社は，関連会社の作品だけではなく，独立プロダクションが製作する作品の買い付けを行い，自社直営の映画館で上映する仕組みを作りました。こうして60年代には，東宝が得意としてきた娯楽性の高い作品に多様性が生まれました。また松竹と同様，外国映画の調達も行いました。

　この時期に東宝がとった戦略は，最も予算のかかる映画製作部門を独立させ

図2-4　1960年代の東宝の戦略

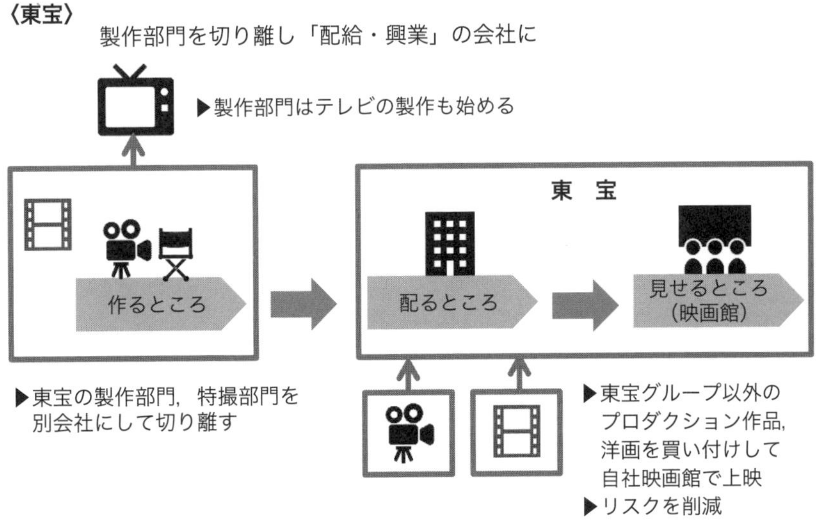

〈東宝〉

製作部門を切り離し「配給・興業」の会社に

▶製作部門はテレビの製作も始める

作るところ　→　配るところ　→　見せるところ（映画館）

東　宝

▶東宝の製作部門，特撮部門を
　別会社にして切り離す

▶東宝グループ以外の
　プロダクション作品，
　洋画を買い付けして
　自社映画館で上映
▶リスクを削減

[出所] 筆者作成

ることで，本社の事業リスクを減らすというものです。

5-3　東映（1960年代）

　松竹，東宝ともに，50年代に築いた自社の事業と資源をうまく選択・集中した60年代に，最も独自性の高い自社資源活用をしたと言えるのが東映です。東映が歴史的に築いてきた資源は，京都と東京にある撮影所と，東映の華やかな作品を支えてきたスター，時代劇に欠かせない殺陣（武器を用いた演技）の技術，そして撮影所で働く，撮影，照明といった熟練の映画スタッフです。

　当時，東映の社長だった岡田茂は，東映が築いてきた資源を新しい時代に活かすため「任侠映画路線」を打ち立てました。テレビでは観ることのできない，任侠の世界を描き，映画館には「テレビ作品に走らない成人層」を呼び込む戦略です。この戦略の元に誕生したのが，1969年にスタートした『現代やくざシリーズ』です。社長の岡田は，任侠映画路線の戦略として「東映京都ならではの立ち廻りの殺陣も使えるのは『ヤクザ』の世界しかないのではないか」「これなら東映時代劇の殺陣の魅力を新たに引き継ぐことができる」と語っています。まさに，歴史的に蓄積した殺陣の技術を新しい時代に活用する妙策です。

　さらに東映は，映像作品以外の新事業にも着手します。京都・太秦の撮影所をテーマパークとし，ここで所属する俳優や，撮影所のスタッフによるアトラクションを始めたのです。今ではテーマパークとしておなじみの，京都太秦映画村は，1960年代，テレビという新しいメディアによって映画業界が苦境に陥った際，社員である俳優やスタッフを守りながら，新たな収益を獲得するための策だったのです（**図2-5**）。

　新しいメディアが台頭した1960年代，それぞれの企業は，自分たちが持つ事業と資源の「選択と集中」を行うことで，出ていくコストを抑え，収益を確保しました（**表2-3**）。

　この時代の映画3社の意思決定は，急速にデジタル化が進む今の時代にとっても大きな参考となります。変化は常に起こります。その変化を乗り越えていくためには，企業の資源は何かを見極め，適切に配置をしてリスクを減らしたり，新しい事業を拡大していく必要があります。

　この章でまず歴史を分析したのは，企業が社会に経済で貢献する際の理念と

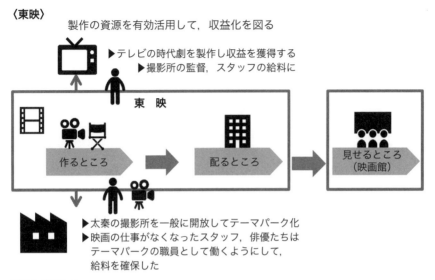

図2-5 1960年代の東映の戦略

〈東映〉

製作の資源を有効活用して，収益化を図る

▶テレビの時代劇を製作し収益を獲得する
▶撮影所の監督，スタッフの給料に

東　映

作るところ → 配るところ → 見せるところ（映画館）

▶太秦の撮影所を一般に開放してテーマパーク化
▶映画の仕事がなくなったスタッフ，俳優たちは
　テーマパークの職員として働くようにして，
　給料を確保した

［出所］筆者作成

表2-3 1960年代の映画主要3社の製品戦略

松竹	・小津安二郎監督の「小津調」，大島渚監督による「松竹ヌーベル・バーグ」といったキャッチフレーズとともに，芸術性の高い作品をブランド化した。
東宝	・「若大将シリーズ」「社長シリーズ」など人気シリーズを作って安定した収益を稼ぎ，その上で予算の大きな大作を製作する「レンガ積み」興行を堅実に行った。 ・東映がヤクザ実録ものに走る一方で，ターミナル駅に映画館を所有する東宝は，「健全」「安全」を徹底した作品作りをした。
東映	・テレビ放送に観客が流れる中，「テレビでは観られない作品」としてヤクザ映画を製作した。 ・ターゲットは地方の映画館で，「人情」「刺激的」な作品で差別化を図った。

［出所］筆者作成

は何かを見極めるとともに，歴史の中で蓄積された企業の内部資源を確認するためです。また，歴史を遡って調べることで，同じ日本の「映画会社」でも，3社3様の特徴があることがわかります。企業が持続的に事業を行う上で，保

19

有する資源に着目した経営学の「資源ベース理論」では，「企業はそれぞれ資源の独自の束（組み合わせ）を所有しており，各企業は根本的に異なる」（コリス・モンゴメリー，2004）と論じています。また，「多くの資源は瞬時に蓄積することができない」ため，「企業の戦略は，保有している資源のストック（蓄積)」と，「新しい資源を獲得，蓄積できるスピード」に制約されると指摘されています。

6　1980年代以降の映画業界

　本書の映画3社の歴史分析では，1960年代，テレビという新しいメディアが登場した時代に，どのように自社の資源を活用して変化に対応したかの部分までとします。ただし，1970年代から現在に至るまで，映画会社は「すでに持っている資源」と「新たに獲得する資源」の両方の組み合わせで，ヒット作を生み出し続けています。

　例えば東宝は，テレビ局とタッグを組んで『踊る大捜査線』『のだめカンタービレ』といったテレビドラマ発のヒットを輩出していますし，新海誠監督のように新しい才能の発掘も行っています（新たな資源）。

　松竹は『シネマ歌舞伎』や『METライブビューイング』といった舞台の映画化で，自社資源の活用と外部パートナーとの提携（新たな資源の獲得）を行っています。

　東映は，50年代から蓄積した殺陣の技術を70年代以降は特撮ヒーロー作品に応用していき，現在に至るヒット作品を生み出し続けているほか，『ドラゴンボール』や『ポケットモンスター』といった外部パートナーとの提携によるアニメ映画（新たな資源）を海外展開して大きな収益を上げています。

　2000年代に入ると，映画館での作品上映はフィルムからデジタルに変わりました。この大きな変化によって，長きにわたって映画業界を支えてきたフィルムの上映技師さんの仕事が減っています。一方で，3Dシアターや，4DXといったより体感性の高い劇場設計が行われ，映画は単に「観る」ことから「世界観を体験する」エンターテインメントへと姿を変えています。4DXのような体験型の映画館の設計や運営は，日本の映画会社が歴史の中で培ってきた，

表2-4	**主要映画会社3社の経営理念**

松竹	日本文化の伝統を継承，発展させ，世界文化に貢献する。 時代のニーズを捉え，あらゆる世代に豊かで多様なコンテンツをお届けする
東宝	健全な娯楽を広く大衆に提供すること
東映	映像を中心に明日の糧となるエンタテインメントの創造発信 キャラクターの創出と育成による日常への癒しの提供 くつろぎと感動をもたらす非日常の場とサービスの提供

［出所］松竹，東宝，東映の企業HPを元に筆者作成

演劇の劇場運営やテーマパーク運営の知識やノウハウといった資源が適用されていると言えるでしょう。

　日本の主要映画会社3社の経営理念は，**表2-4**のようになります。

　就職活動をしようと考えた時，皆さんは，自分の夢を追いたいという一方で，生活がちゃんと安定するかどうか不安な気持ちになると思います。そのような不安を解消するためには，ただ漠然と考えるのではなく，まずは企業の歴史を調べてみて，会社の理念や，歴史的に会社が歩んできたやりかたに共感ができるかどうかを考えてみることをおすすめします。

📖✏ ワークシート❶【企業分析】企業の資源と戦略を書き出して
みよう

あなたが分析したい企業の資源と戦略を，表に書き出してみましょう。

企業名	
資産（ヒト）	
資産（モノ）	
大きな収益源	
ターゲット顧客	
商品・サービスの特徴	
戦略	

📖✏ ワークシート❷【自己分析】あなたが持っている資源を考えて
みよう

企業と同じように，あなたもこれまで生きてきた歴史とともに蓄積した資源を持っているはずです。あなたが持つ理念や資源は何でしょうか。

理念	【あなたが生きていく上で大事にしている考え方の基本は何ですか？】
資産（強み）	【人があまり真似できない（模倣困難性の高い），あなたの強みは何でしょうか】
資産（ヒト）	【あなたに協力してくれる，助けてくれる人にはどんな人がいますか？】
価値	【あなたの今までの人生での成功体験はどんなことですか？　どうして成功したのでしょうか】

第3章

組織分析

仕事を知る

1 この章のポイント

　第2章では，歴史の分析を通して企業の理念，つまり企業の根本となる考え方と，企業が保有する資源について理解しました。続いてこの章では，企業の中にどのような仕事があるのかを確認していきましょう。企業が顧客に価値を提供するプロセスには，たくさんの仕事が存在し，複数の企業が関わっています。映画会社も同様です。サプライチェーンの流れの中には，企画・製作，配給，興行という役割があり，それに沿って複数の企業があります。

　東映のように，映画製作の資源を生かしたテーマパーク運営をしている会社もあります。さらに企業の中には，主な活動を支えるための多様な部署，職種があります。

　あなたが漠然と考えている仕事や，あなたの性格やこれまでの行動の強みを活かせる仕事が目指す企業の中にあるかどうかは，とても大事です。

　ここからは，映画会社を題材に，企業の中にはどのような仕事があるのかを見ていきましょう。これらの情報は，各企業のホームページに掲載されている内容から知ることができます。企業ホームページの「企業（会社）概要」というページの中に「組織」という項目があるはずです。

2 映画業界のサプライチェーンとバリューチェーン

　ここで，企業が顧客に価値を届けるためのバリューチェーンについて理解を深めましょう。バリューチェーンとは，アメリカの経営学者マイケル・ポーターが，『競争優位の戦略』という本の中で述べた言葉で，日本語では「価値連鎖」と翻訳されています。企業は，製品を製造し，それをマーケティング活動を通じて顧客に知らせたり認知してもらい，販売やサービスを通して実際に顧客の手元に届けます。このように製品を作り届ける活動を収益獲得のための「主活動」，主な活動を支える活動を「支援活動」とポーターは分類しました（図3-1）。

図3-1 企業のバリューチェーン

［出所］Porter（1985）を元に筆者作成

サプライチェーンは，ポーターが分類した「主活動」の部分を独立させたものと言えます。一般的に多くの産業は「原料調達」「開発・製造」「物流・流通（マーケティングや物理的な流通も含む）」「販売」といった流れで製品やサービスを創り，顧客に届けています。

　映画産業の場合，作品を作る「開発・製造」は映画会社の製作部門や独立プロダクション，「流通」は映画配給会社，「販売」は映画館，つまり映画興行会社に該当し，複数の企業が連鎖して製品を顧客に届けます（図3-2）。

　食品メーカーならば，原材料を生産者から調達し，製品の開発・製造はメーカー本社や自社の工場，物流・流通は卸業，販売はスーパーやドラッグストアなどの小売店です。自動車や製薬会社なども，同じような流れになります。映画業界はコンテンツを製造して，顧客に届けています。

　映画会社に限りませんが，大きな企業はこの「調達」「開発・製造」「流通」「販売」をひとつの企業内に，またはグループ企業として組織しています。このようにサプライチェーンの一連の流れを束にして保有する企業の戦略を「垂直統合」と呼びます。本書の図は，水平（横）に流れるように描かれています

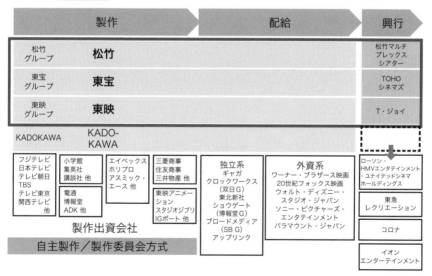

図3-2　映画産業のサプライチェーンとそれぞれの企業

［出所］「みずほ産業調査/Vol.48　コンテンツ産業の展望」みずほ銀行（2014），No.5，P45を元に筆者作成

が，経営の用語では垂直統合と言いますので覚えておくといいでしょう。

垂直統合のメリットは，事業プロセスで生じるコストを減らしたり，取引の交渉をスムーズにすること，また，企業が保有する資源を束ねることで，他社には真似のできない価値を創り出します。

ポーターはバリューチェーンについて，材料調達から製品を作り顧客に届けるまでの流れの中で，「価値」をどんどん加えていくのが企業の活動だと述べました。垂直統合企業の場合は，この価値の連鎖をひとつの企業ないしグループ企業が持つ能力の組み合わせで行うことができます。

例えば，50年代の東映のように，映画館を持っていない場合は，自社で作品を作った際に上映してくれる映画館に交渉をする必要が出てきます。その際に，東宝や松竹直営の映画館ではなかなかいい時期に上映をしてもらえないケースもあり，優れた作品でも思うような収益が得られないかもしれません。また，60年代の東宝のように製作する会社を本社から切り離した場合，元々は東宝の優秀な社員だった映画スタッフが会社を作り，ライバルの松竹や東映に作品を提供することもあります。垂直統合は，このような他社との交渉や，ライバルとの競争を減らすことができるため，企業に利点をもたらすことがあります。

現在では，日本の主要映画会社3社は，グループ会社も含めると製作から興行までが垂直統合です。それぞれの企業に企画部門や，グループの製作プロダクション，配給会社，映画館を持っています。3社がそれぞれ直営する映画館は松竹マルチプレックスシアターズ，TOHOシネマズ，T・ジョイです。

日本ではこの主要映画会社3社の他にも，映画に携わる企業がたくさんあります。**図3-2**の下の方には，その主な企業をまとめています。

3 映画業界内の企業と役割

映画の製作に出資する企業には，放送局や出版社，広告代理店，芸能プロダクションや商社があります。映画の実製作を行うプロダクションも，企業から個人で仕事をするフリーランスと多様です。大型作品を製作するスタジオジブリは，独立系の製作プロダクションです。

さらに，配給だけを専門にする企業も多数あります。ギャガ株式会社，株式

会社東北新社といった外国映画を買い付けて映画館に配給する専門企業もあれば，株式会社博報堂DYミュージック＆ピクチャーズ（博報堂グループの企業で「ショウゲート」のブランドで映像事業を行う）のように他業界の企業もあります。ウォルト・ディズニー・スタジオやワーナー・ブラザース・エンタテイメントといったハリウッドのメジャースタジオは，日本支社を持っていて，日本国内での配給を自社で行っています。つまり，いろいろな会社で映画に関わる仕事はできるということです。これは他の業界でも同じことが言えます。

　映画興行の会社も，松竹など3社だけではなく，複数あります。現在，日本で最も多くの上映スクリーンを持っている映画館はイオンシネマです。その他にも，KADOKAWAは，ローソンHMVエンタテインメント・ユナイテッド・シネマ・ホールディングスと提携して映画館を運営しています。また，日本各地に独立した企業が経営する映画館もたくさんあります。神戸市で「OSシネマズ」を運営するオーエス株式会社は，大阪の独立系興行会社です。名古屋市の「ミッドランドスクエアシネマ」は，戦後から名古屋市で映画館を経営してきた中日本興業が運営しています。この他にも東京都内にある「ユーロスペース」や「シネスイッチ銀座」「岩波ホール」といった単館の映画館などを含めると，経営元は実に多様です。

　映画産業だけではなく，食品産業や自動車産業，ゲーム産業，IT産業もたくさんの企業によって構成されています。自分が目指したい業界を調べる時は，テレビCMや広告などでよく目にする企業だけを思い浮かべるのではなく，そうした企業をきっかけに，業界の中にどのような企業があるのか視野を広げていくといいでしょう。あなたが思い描く仕事ができる企業は，街やテレビでよく見る企業だけとは限りません。

4　企業研究の基本情報「企業（会社）概要」を まとめてみよう

　企業のホームページにある「企業（会社）概要」には，その企業の所在地や代表者，資本金や，主な事業内容が公開されています。ここからも，分析する会社のことが見えてきます（表3-1）。

表3-1 東宝の企業（会社）概要（2020年12月時点）

東宝株式会社	
本社所在地	〒150-0043 東京都千代田区有楽町１丁目２番２号
代表者	代表取締役社長　島谷能成
設立	1932年８月
資本金	103億5,584万7,788円
事業内容	【映画】 ・映画の企画・製作及び製作請負 ・映画の配給及び売買 ・映画その他の興行 ・テレビ及びインターネット等で放送又は配信される番組の企画，制作，制作請負，販売および賃貸 ・出版物，オーディオソフト，ビデオソフト及びキャラクター商品等の企画，制作，販売及び賃貸 ・著作権，商品化権，その他の知的財産の取得，使用，利用許諾その他の管理 【演劇】 ・演劇の企画，製作及び製作請負 ・演劇の興行 【不動産経営】 ・土地及び建物の賃貸，管理，売買及びこれらの仲介並びに駐車場の経営

［出所］東宝株式会社HPを元に筆者作成

　例えば本社所在地です。主要映画会社３社はどこも東京にあります。ところがメーカーなどは，その名前が全国に知れ渡っている企業でも本社が東京ではないこともあります。例えばゲームメーカーの任天堂の本社は京都市です。トマトジュースで有名なカゴメの本社は名古屋市，住宅設備やセラミックなどで知られるTOTOの本社は北九州市です。本社が地方都市の場合，転勤がある可能性もあります。自分がどこで仕事をし，どこで暮らしたいかも，就職活動で企業を検討する時には大きな要素となります。一方で，新型コロナウィルス感染拡大のあった2020年には，本社を地方に移す企業や，リモートワークの普及によって転勤を廃止する企業も出てきています。

　次に，資本金の項目に注目してみましょう。資本金とは，企業が事業を行う

際の元手となるお金で，上場企業の場合は，その企業に株主が投資している金額となります。事業規模や製品・サービスの原価がどのくらいかかる事業かにもよりますが，元手が十分にあれば安心ですよね。

　映画会社を見てみると，松竹が約330億円，東宝が約103億円，東映が約117億円（全て2020年時点）と，松竹が他の2社に比べるとおよそ3倍になっています。ただし資本金は多いからいいということでもありません。資本金が充分であれば，企業が安定して事業を行える目安にはなりますが，その企業の売上高とは関係がありません（★詳しくは第5章p.54〜p.58）。あくまでも企業の価値は，事業をどのように行うかであることを忘れないようにしましょう。

　表3-1は東宝株式会社の概要をまとめたものです。東宝は映画だけではなく，テレビ番組やインターネットコンテンツの製作，著作権をはじめとした知的財産の管理，演劇公演の企画・製作・興行，不動産事業も行っています。

5　企業内の組織，職種を考える

　続いて，企業の中にフォーカスしてみましょう。企業のホームページには「組織図」が公開されています。これが，企業の中にある部署です。社長を頂点に，その企業の事業を行うために必要な部署が配置されています。一般的にどの企業でも，会社全体のイベントや情報セキュリティ，広報など事業活動をサポートする総務部，企業のお金の流れを司る経理部，社員の採用活動や研修など人材に関わる仕事をする人事部，経営計画の策定を行う経営企画部があります。その他の部署は，企業の事業活動によって独自性があります。組織図は，その企業が何の事業を，どのように行っているかを知るヒントになります。

5-1　松竹株式会社

　松竹は，映画と歌舞伎や現代劇といった演劇興行が2本柱の企業です。ですから組織図も，演劇本部と映像本部が大きな部署としてあり，その中にコンテンツを作るための部署が配置されています。劇場の運営をしていることから，演劇本部の中に劇場が部署として存在しています。この組織図から，松竹株式会社では，映画や演劇の製作だけではなく，劇場で仕事をすることもできると

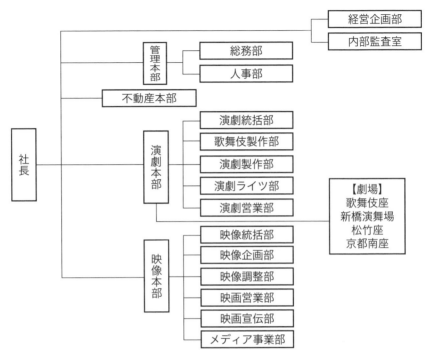

図3-3 松竹株式会社の組織図

社長
- 管理本部
  - 経営企画部
  - 内部監査室
  - 総務部
  - 人事部
- 不動産本部
- 演劇本部
  - 演劇統括部
  - 歌舞伎製作部
  - 演劇製作部
  - 演劇ライツ部
  - 演劇営業部
- 映像本部
  - 映像統括部
  - 映像企画部
  - 映像調整部
  - 映画営業部
  - 映画宣伝部
  - メディア事業部

【劇場】
歌舞伎座
新橋演舞場
松竹座
京都南座

［出所］松竹HP「組織図」（2019年9月時点）を元に筆者作成

読み取ることができます（**図3-3**）。

　映像本部の中には6つの部署があり，それぞれ専門の役割があります。**図3-4**は，松竹の映画製作の流れをまとめたものです。「映像統括部」は，時代のニーズを探りながら求められる作品の方向性を定める部署です。その方向性に基づき「映画企画部」で，作品の企画や原作調達が行われます。すると「映像調整部」で，監督や俳優のキャスティング，撮影，編集といったプロダクション業務が行われ，実際に映画が作られます。映画が完成すると「映画営業部」が上映映画館への配給計画を作り，具体的な上映期間を映画館と交渉します。並行して「映画宣伝部」で予告編の製作や，公開イベントの企画，実施がされます。映画館での公開後は「メディア事業部」が，2次利用と呼ばれる，テレビ放送の版権調整や，DVD・Blue-Rayの製作・販売，国外への上映権販

図3-4 松竹株式会社の映画製作の流れ

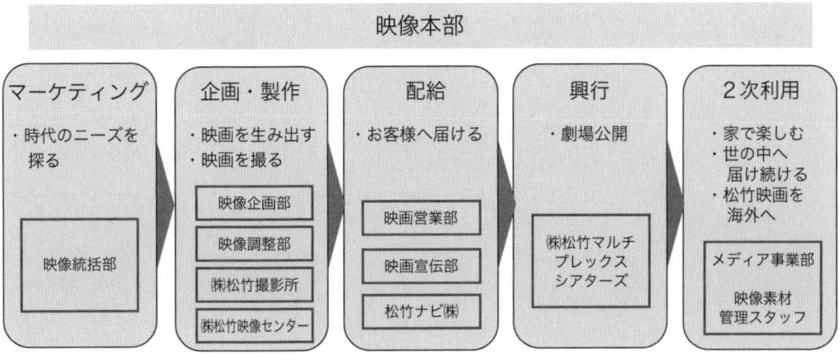

[出所] 松竹 HP「部門紹介」を元に筆者作成

売などを行います。

　松竹の映画に関わる部署を見ただけでも，実に多様な職種があることがわかります。組織図をしっかりと見て，どのような職種が仕事の流れの中でどのように機能しているかを考えれば，自分が目指す業界でどのように仕事に関わりたいのかを具体的にイメージすることができるでしょう。また，企業の採用面接を受ける際には，こうした組織図から読み取った具体的な希望を伝えられると，あなたの志望動機に現実味が加わります。

5-2　東宝株式会社

　東宝も，映画と演劇が事業の2本柱です。その中でも映像本部には8つの部署があり（2020年4月時点），松竹と同じようにそれぞれ専門の職種があります（**図3-5**）。

　映画の企画を行う「映画企画部」は，時代のニーズを調査したり，テレビドラマや書籍，コミックスなど他メディアで人気の作品動向を追って次のヒット作を構想します。企画が成立したら「映画調整部」で実製作を進行していきます。

　「国際部」は東宝オリジナル作品の海外販売や，外国映画の調達を行う部署です。「ミュージック＆エンタテインメント企画室」「デジタル・コンテンツ営業部」は2019年以降にできた部署で，映画に付随する音楽やグッズ，デジタル

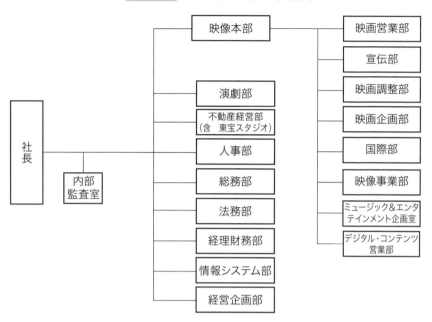

図3-5　東宝株式会社の組織図

[出所] 東宝 HP（2020年4月1日時点）を元に筆者作成

でのコンテンツ展開など，映画のチケット以外で収益を得る仕事を担当します。デジタル時代には，こうした本事業以外でいかに収益を獲得していくかが，どの産業でもとても重要です。特に，デジタル・コンテンツやグッズ販売などは，生まれた時からスマートフォンが存在する若い世代への期待が大きい仕事です。

5-3　東映株式会社

　東映の組織図で注目したいのは，映像作品を収益化する「映画事業」「ビデオ事業」「テレビ事業」「コンテンツ事業」から成る「映像関連事業」の他に，「催事関連事業」の部署があることです（**図3-6**）。この中には「催事事業」つまり，イベントの企画・製作や，「物品販売」といった部署があることから，東映の資源である太秦映画村でのイベントや，戦隊ヒーローイベントなどが大きな事業の柱になっていることが読み取れます。

　また「ホテル事業」があるのは3社のうち東映だけで，新潟県で東映のアニ

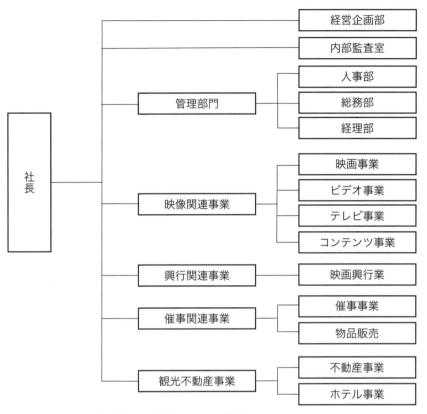

図3-6 東映株式会社の組織図

[出所] 東映株式会社「第96期有価証券報告書」を元に筆者作成

メキャラクターをテーマにした客室のあるリゾートホテルを経営しています。

　こうして主要映画会社3社の組織図を比べるだけでも，同じ業界でありながら，それぞれの事業に独自性があるため，社内の職種も多様であることがわかります。**図3-7**は，映画製作の流れに関わる主な職種をまとめたものです。

　例えば映画が好きだけど，制作現場の仕事は自分には向いていなそうだと思う人がいたとします。その場合，すぐに諦めるのではなく，その企業に自分が得意とする仕事や，大学で学んだ専門分野を活かせる仕事がないかという視点で調べてみるといいでしょう。

図3-7 映画産業の主な職種

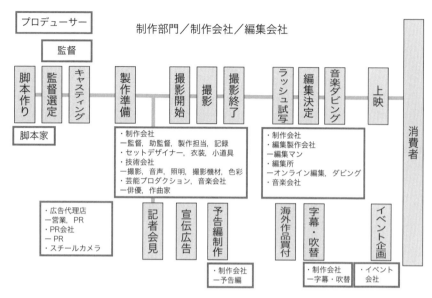

[出所]「コンテンツ産業論」高橋光輝（2014）ボーンデジタル を元に筆者作成

他の全ての業界でも同じことが言えます。例えば，製薬会社には理系の研究員だけがいるわけではありません。薬の効能をわかりやすく患者さんに伝えるためのパンフレットを執筆・編集する仕事も必要ですし，その薬を必要とする病院にセールスをする営業の仕事も必要です。

商品やサービスを顧客に届ける価値連鎖には，どのような企業があるか，その企業の中にはどのような部署と職種があるかを丁寧に見ていくことで，あなたが学んでいる専門知識を活かせる仕事がきっと見つかります。

Part1 業界・企業研究の基礎

34

📖✎ ワークシート❸【自己分析】自分が将来就きたい職種を考えて みよう

あなたはバリューチェーンに描かれた職種の中で，どのような仕事をしてみたいと思いますか。自分の性格や特技，専門性に合った仕事は何にあたるか，バリューチェーンの図を見て考えてみましょう。友達や家族に聞いてみてもいいでしょう。自分が「やってみたい」仕事と，「向いている」仕事は案外違うかもしれません。

自分がやってみたい仕事	
その理由	
自分に向いていると思う仕事	
その理由	

📖✎ ワークシート❹【企業分析】調べたい企業の会社概要を作って みよう

あなたが分析したい企業のホームページ等を参照して，会社概要を作ってみましょう。

会社名：	
本社所在地	
代表者	
設立	
資本金	
事業内容	

📖✍ ワークシート❺【企業分析】調べたい企業の組織図を描いて みよう

あなたが分析したい企業の組織図を，企業ホームページなどで調べて書き出してみよう。気になる部署があったら，印をつけておこう。

📖✍ ワークシート❻【自己分析】あなたの専門性をまとめてみよう

あなた自身が大学で学んだ知識や専門性についてまとめてみましょう。
その専門性は企業でどのように役立てることができるか考えてみよう。

大学で学んでいること	
講義やゼミで得た知識	【大学の講義やゼミで，どのような専門的知識を得たか？】
大学時代に得た経験	【部活動やサークル活動で担当した役割は？　そこからどのようなことができるようになったか？】
企業で活かせる専門知識や経験	【希望する業界や企業で活かせそうな知識や経験は何か，それはどのような職種で活かせそうか】

第4章

企業のビジネスモデル

1 この章のポイント

　前の章では，組織図を見ることで企業がどのような事業で収益を得ているか，その活動のためにどのような仕事や職種があるかを確認しました。

　この章では，企業のビジネスモデルを確認していきます。

　ビジネスモデルとは，企業の「儲けの仕組み」です。事業を通じて収益を得るには，顧客に価値を提供する必要があります。その価値を提供するためには，製品をどのように作るか（製品を作るための協力者，必要となる自社資源），製品をどのように届けるか（どのような方法で顧客の手元に届けるか：流通や宣伝など），顧客との関係（自分の会社のターゲットとなる顧客は誰か，顧客との関係をどのように構築するか）などの要素を考える必要があります。

　こうした要素の組み合わせが，事業を成功させるか否かを左右することから，ビジネスモデルは会社の事業の設計図とも言われます。

　ビジネスモデルを確認することは，自分が分析する企業がどのように儲けているのかを明らかにすることです。

　また，優れたビジネスモデルは企業に多くの収益をもたらしますが，一度完成したら永遠に続くとは限りません。ビジネスモデルは，技術の進化や景気の動向といった要因によって機能しなくなることがあり，これを陳腐化といいます。ビジネスモデルが使えなくなったらどうしよう，と不安になる人もいるか

もしれませんが，ビジネスモデルは時代や技術革新に合わせて常に変更していくことが必要です。逆に，時代のニーズに合わせて上手にビジネスモデルを変えることができれば，継続的に収益を得ることが可能です。

　デジタルの時代になり，現在，多くの企業にビジネスモデルの変革が迫られています。

2　映画業界のビジネスモデル

　ビジネスモデルの分析は，どのように収益を得ているかという「収益モデル」（小野・根来，2001，根来・富樫・足代，2020）と，価値を届けるためにどのような要素を組み合わせているかという観点から以下の図で整理します。この章では2つの図を使って分析をします。「収益モデル」の図は，お金の流れ，「ビジネスモデル」の図は顧客に対して企業が保有する資源を使い，どのような価値を提供しているかをまとめるものです。

2-1　「劇場公開」のビジネスモデル

　映画業界の基本的な事業活動は，時代のニーズに合った作品を作り観客に届けることです。映画業界の最もシンプルなビジネスモデルは，観客が1回分の鑑賞券を購入する「所有モデル」です。観客が映画を観るためのチケットを代金と引き換えに所有します。（図4-1，図4-2）。

　第2章で確認したように，戦後，日本国内に映画館が増え続け，観客動員数がピークとなった1958年には1年間の映画館入場者数はのべ1億1千万人でした。良質な作品を製作し，映画館を便利な場所に作ることで右肩上がりの成長をしたことになります。

2-2　テレビ放送開始以降のビジネスモデル（1960年代〜）

　しかし，1960年代に入ると映画館の入場者数はテレビ放送の影響を受けて減少していきます。一方，放送を開始したばかりの放送局は，1日のタイムテーブルを十分に埋めるほどのコンテンツ数がありませんでした。そこで放送局は，劇場公開を終えた映画作品を映画会社から買い付けて放送をしました。映画会

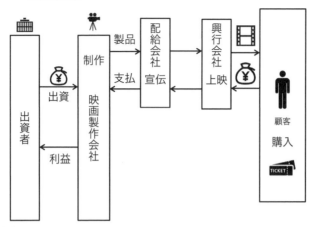

図4-1 映画産業の収益モデル（所有モデル）

［出所］筆者作成

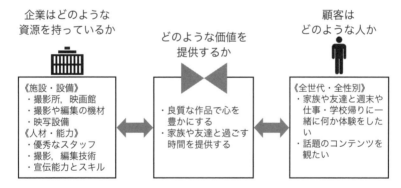

図4-2 映画産業のビジネスモデル（所有モデル）

企業はどのような
資源を持っているか

どのような価値を
提供するか

顧客は
どのような人か

《施設・設備》
・撮影所，映画館
・撮影や編集の機材
・映写設備
《人材・能力》
・優秀なスタッフ
・撮影，編集技術
・宣伝能力とスキル

・良質な作品で心を
豊かにする
・家族や友達と過ごす
時間を提供する

《全世代・全性別》
・家族や友達と週末や
仕事・学校帰りに一
緒に何か体験をした
い
・話題のコンテンツを
観たい

【製品・サービスを提供するための支出】
・施設の保有，管理（撮影所，映画館）
・原材料の調達（美術，衣装，編集など）
・人件費（監督，俳優，スタッフなど）
・広告宣伝費・通信費　ほか

【収益を得る方法】
・映画のチケットを購入してもらう
・チケットは職業，年齢などで割引料金
も設定する

［出所］筆者作成

社にとっては，上映期間を終えた作品で収益を得ることができます。

　日本より早い1950年代にテレビ放送が始まったアメリカでも，同様に劇場公開を終えた作品の放送権を放送局が買い付けるビジネスが生まれました。作品公開時から別の媒体での放送までの期間を決めて，収益化の管理をするのです。アメリカの映画産業では，作品を公開するスクリーンや画面を窓に例えて「ウィンドウ」と呼びます。そのため公開以降の「二次利用」と言われるビジネスモデルを「ウィンドウイングモデル（Windowing Model）」と呼びます。

　1960年代に日本でテレビ放送が開始されてから，1980年代にはビデオデッキが発売されて，以来DVD，Blue-Rayと映像機器の開発が進み（普及），家庭内で容易に映像コンテンツを観ることが可能になりました。2010年代には動画配信ビジネスが普及し，映画作品のウィンドウは増え続けています。映画会社はこれらの媒体に，劇場公開以降，どのタイミングで作品を提供するかを決め，価格を設定しています。第3章の「組織分析」で，各映画会社には必ず権利ビジネスの部署があったことを思い出してみましょう。映画会社にとって，作品の放送や配信権利を収益化するのは，とても大事なビジネスモデルなのです。

　映画会社は，1960年代以降にテレビ放送の影響で観客数が減っていく一方，ライバルである放送局に作品の放送権を販売するという新しいビジネスモデルを作りました。変化が起こっても，ビジネスが永く続いてきた理由のひとつには，ビジネスモデルの革新に成功したことがあると言えるでしょう（**図4-3**）。

2-3 「経験」を提供するビジネスモデル（2000年代〜）

　1990年代からのインターネット，2010年代からのスマートフォンの普及によって，消費者がそれぞれのデバイスでコンテンツを消費できるようになると，インターフェイスを通じてできない「経験」や「体験」の価値が高まりました。2009年に世界公開された映画『アバター』は，デジタル3Dの技術を用いて，それまでにない映画世界への没入感を演出しました。日本でも公開後5日間で13億円の興行収入を記録しました。2010年代には日本でも，3D上映の映画館が続々とオープンしました。さらに2013年には，3D映像に加え「風」「水しぶき」「香り」「椅子の動き」などを体感できる4DXシアターが開業し，劇場でアトラクションのように映画を楽しむ作品が数々生み出されています。

図4-3　映画産業の収益モデル（ウィンドウイングモデル）

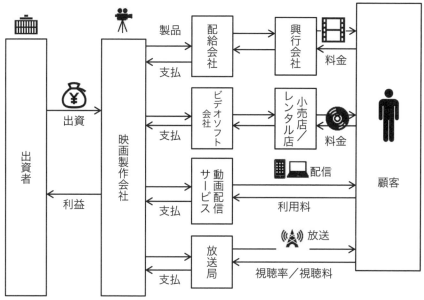

[出所] 筆者作成

　動画配信のように場所と時間の制約がない映画視聴サービスが浸透する中で，映画業界は最先端の技術を映画館の設備に導入して「作品を経験する価値」を提供しています。これも映画業界の新しいビジネスモデルです。図にしてみると，企業の資源や顧客層はそれほど大きく変わりませんが，提供する価値は映画を観るではなく「体験する」価値に変わります。こうした新しい価値が顧客のニーズに受け入れられて，ビジネスモデルは進化します（**図4-4**）。

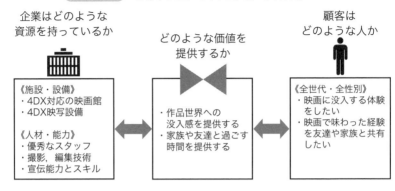

図4-4 映画のビジネスモデル（4DX）

企業はどのような
資源を持っているか

どのような価値を
提供するか

顧客は
どのような人か

《施設・設備》
・4DX対応の映画館
・4DX映写設備

《人材・能力》
・優秀なスタッフ
・撮影，編集技術
・宣伝能力とスキル

・作品世界への
　没入感を提供する
・家族や友達と過ごす
　時間を提供する

《全世代・全性別》
・映画に没入する体験
　をしたい
・映画で味わった経験
　を友達や家族と共有
　したい

【製品・サービスを提供するための支出】
・4DX施設の開発と運営
・4DX鑑賞に合わせた作品制作費
　（原材料，人件費など）
・広告宣伝費　・通信費　ほか

【収益を得る方法】
・映画のチケットを購入してもらう
・チケットは職業，年齢などで割引料金
　も設定する

［出所］筆者作成

 ワークシート❼【企業分析】調べたい企業の収益モデルを
作ってみよう

　あなたが分析したい企業や産業の収益モデルの図を作ってみましょう。収益モデル
は，調べたい企業を真ん中に置いて，製品をどう作るか，製品をどう届けるか，その
過程でどのように収益を獲得しているかをシンプルにまとめます。

（ワークシート枠）

　分析したい企業が，時代や技術革新によって収益モデルを変えていそうな場合は，
時代ごとの図も作ってみましょう。その企業は，今後の社会変化の中でもビジネスモ
デルを革新していけそうですか？

ワークシート❽【企業分析】（基本）
　　　調べたい企業のビジネスモデルをまとめてみよう

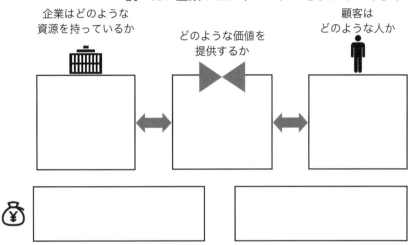

企業はどのような
資源を持っているか

どのような価値を
提供するか

顧客は
どのような人か

 ワークシート❾【企業分析】（応用）
　　　新しい時代のビジネスモデルを考えてみよう

　調べている対象企業について，あなたなら，今後の社会変化を見越してどのような
ビジネスモデルを考えますか？　また，起業を目指している場合，それは，誰に，ど
のような価値を届けるビジネスになりますか？

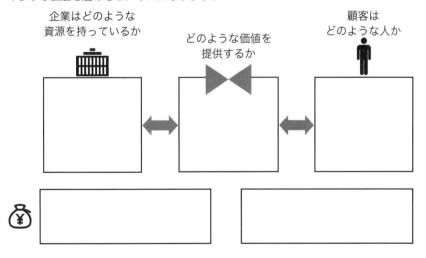

企業はどのような
資源を持っているか

どのような価値を
提供するか

顧客は
どのような人か

第**5**章

財務諸表を読めるようになる

1 この章のポイント

　この章では，企業の収入と支出に注目し，財務諸表を読めるようになりましょう。「財務諸表」という聞きなれない言葉が出てきただけで緊張してしまうかもしれませんが，本書で注目するのはほんの一部です。また，この章の分析では簡単な計算もしていきますが，基本的に使うのは小学校で習う割り算です。数字が苦手な人も，ネガティブにならず挑戦してみてください。

　多くの人は将来を考える時「安定した仕事に就きたい」と思っているのではないでしょうか。もしくは家族から「安定した会社」を勧められるというケースも多いでしょう。その「安定した会社」とは，おそらく経営が安定している，つまり安定した収益を得ている会社，自分がずっと不安にならずにお給料がもらえる会社，をイメージしているはずです。ところがいざ就活を始めようとした時，何を見たら「安定しているかどうか」を見極められるか分かりづらいこともあります。

　この章で分析を行う際には，企業が公開している経営情報である「有価証券報告書」を用いていきます。またしても難しそうな言葉が出てきてドキドキしますが，これは，企業が社外に対して経営の状況を報告する資料です。とても役立つ情報がたくさん書かれています。

　株式上場している企業であれば，ホームページにある「企業（会社）概要」

Part1

業界・企業研究の基礎

図5-1 有価証券報告書の見つけ方

投資家情報

企業のホームページで
「会社概要」という
項目を開く

「IR」「投資家情報」
という項目を開く

「有価証券報告書」
（年度ごとにアーカイブ
されています）

［出所］筆者作成

の中に，「IR情報」というページがあります。「IR」とは，Investor Relations（インベスター・リレーションズ）の意味で，投資家に対する広報，つまり情報公開です。この「IR情報」の中に「有価証券報告書」があります（**図5-1**）。

「有価証券報告書」は，年に一度発行されます。多くの企業が３月末に決算をして，５月から６月くらいに発行をしますが，企業によっては９月決算で10月公開の場合もあります。ここでは，１年間を通じた「通期」の情報を使っていきます。

> 📝 **MEMO　調べたい企業の財務情報の調べ方**
>
> 　企業HPのほか，毎年４回刊行される『会社四季報』（東洋経済新報社）にも，財務情報をはじめとした企業データが掲載されているので，自分で調べる際に入手して参照するとよいでしょう。大学生の就活に特化した『就職四季報』（東洋経済新報社）では，前年度に採用された社員の出身校や，エントリー時期といった詳しい情報も掲載されています。
> 　また財務情報が公表されていない非上場企業やベンチャー企業を調べる際は，同業で財務データを公表している企業を調べて参考にする方法もあります。

2　映画業界の財務諸表を読んでみよう

2-1　財務諸表の種類

調べたい企業のホームページで「有価証券報告書」を見つけたら，まずは目次を確認しましょう。一般的に「経理の状況」という中に「財務諸表等」という項目があるはずです。

東宝株式会社の場合は，次のような２種類の表が掲載されています（**図5-2**）。「賃借対照表」と呼ばれる２枚の表と，「損益計算書」の２枚の表を一般的に

図5-2　企業の財務諸表（東宝株式会社）

賃借対照表

1　【連結財務諸表等】
(1)　【連結財務諸表】
①【連結貸借対照表】

（単位：百万円）

	前連結会計年度 （平成29年２月28日）	当連結会計年度 （平成30年２月28日）
資産の部		
流動資産		
現金及び預金	※2 21,402	※2 15,290
受取手形及び売掛金	18,841	18,457
リース投資資産	21,658	20,851
有価証券	16,106	29,215
たな卸資産	※6 7,898	※6 7,148
繰延税金資産	1,611	1,273
現先短期貸付金	64,999	44,999
その他	7,867	10,962
貸倒引当金	△64	△55
流動資産合計	160,322	148,143
固定資産		
有形固定資産		
建物及び構築物（純額）	※5 86,667	※5 83,861
機械装置及び運搬具（純額）	6,223	6,013
工具、器具及び備品（純額）	2,604	2,442
土地	※2 55,962	※2 56,433
リース資産（純額）	25	14
建設仮勘定	1,560	1,640
有形固定資産合計	※1 153,045	※1 150,406
無形固定資産		
借地権	1,055	1,060
のれん	5,534	5,596
その他	1,566	1,412
無形固定資産合計	8,156	8,069
投資その他の資産		
投資有価証券	※2, ※3 77,128	※2, ※3 120,569
長期貸付金	200	138
破産更生債権等	19	11
繰延税金資産	1,555	1,560
退職給付に係る資産	44	121
差入保証金	13,863	13,833
その他	3,300	3,011
貸倒引当金	△109	△79
投資その他の資産合計	96,002	139,165
固定資産合計	257,204	297,641
資産合計	417,526	445,785

40/99

損益計算書

②【連結損益計算書及び連結包括利益計算書】
【連結損益計算書】

（単位：百万円）

	前連結会計年度 （自　平成28年３月１日 至　平成29年２月28日）	当連結会計年度 （自　平成29年３月１日 至　平成30年２月28日）
営業収入	233,548	242,668
営業原価	127,774	135,828
売上総利益	105,774	106,840
販売費及び一般管理費		
人件費	18,518	19,021
広告宣伝費	7,980	10,678
賞与引当金繰入額	686	706
退職給付費用	910	565
役員退職慰労引当金繰入額	27	24
減価償却費	3,830	4,179
借地借家料	8,650	8,241
その他	14,945	15,836
販売費及び一般管理費合計	55,550	59,253
営業利益	50,223	47,586
営業外収益		
受取利息	14	17
受取配当金	1,341	1,407
その他	140	138
営業外収益合計	1,495	1,563
営業外費用		
支払利息	33	55
持分法による投資損失	75	272
為替差損	22	131
その他	26	45
営業外費用合計	157	505
経常利益	51,562	48,645
特別利益		
固定資産売却益	-	※1 459
固定資産受贈益	208	181
投資有価証券売却益	-	180
事業譲渡益	-	650
特別利益合計	208	1,471
特別損失		
減損損失	※2 37	※2 164
投資有価証券評価損	-	114
立退補償金	292	-
災害による損失	129	-
特別損失合計	459	278
税金等調整前当期純利益	51,310	49,837
法人税、住民税及び事業税	16,502	15,234
法人税等調整額	793	△20
法人税等合計	17,296	15,213
当期純利益	34,014	34,624
非支配株主に帰属する当期純利益	761	1,070
親会社株主に帰属する当期純利益	33,252	33,553

42/99

［出所］東宝株式会社「有価証券報告書」（2019年度通期）

財務諸表と呼びます。

「賃借対照表」は企業が保有する有形無形の「資産」（土地や建物，知的財産や特許など）を評価した金額を掲載したもの（資産の部）と，企業が事業を行う上で支払う予定のある金額（社員へのボーナスや退職金など）や，資産を得るために借り入れをしている「負債」をまとめたもの（負債の部）です。賃借対照表を見ることで企業が保有する資産と負債のバランスがわかります。

「損益計算書」は，事業活動を通して稼いだ売上と，売上を上げるために生じた支出をまとめています。貯金と借入額がどのくらいあるか，収入と支出がどのくらいあるかと考えると「財務諸表」は，家計簿に似ていますよね。

この章ではまず，「損益計算書」から企業の稼ぐ力を確認していきます。

3　企業の「稼ぐ力」を分析する

3-1　売上と営業利益

まず，損益計算書にはどのようなことが書かれているかを大まかに把握しましょう。損益計算書には，企業が製品やサービスを通じて1年間に得た「売上」と，事業を行うために支払った「支出」，総売上から総支出を差し引いた「純利益」が書かれています。一番上の行にある「売上高」は，企業が事業を通じて1年間で得た収益です。その下にある「営業原価」とは，製品やサービスを作るために必要となる費用，つまり出ていくお金です。次に書かれている「販売費及び一般管理費」とは，製品やサービスを売るための宣伝広告費や，働く人の人件費，オフィスを借りた賃料など，事業を行うために必要な支出です。「売上高」から「営業原価」と「販売費及び一般管理費」を引いた金額が「営業利益」です。これは，企業が事業を行った際の収益から支出を引いた金額です。

企業の売上と支出を，学生のアルバイトに例えて考えてみましょう。売上高は，アルバイトをして稼いだ報酬です。ところが，学生の皆さんがアルバイトをする際には，出ていく支出もあります。例えば交通費が支給されないバイト先であれば，交通費がかかります。Tシャツなど「自前の服を持ってきて」と

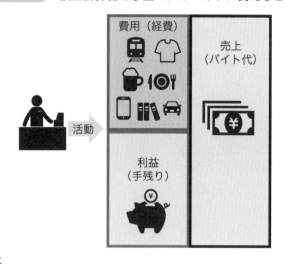

図5-3　損益計算書を学生のアルバイトに例えると？

費用（経費）

売上
（バイト代）

活動

利益
（手残り）

言われた場合，必要があれば服を買うこともあるでしょう。また，バイト先で仲良くなった人がいれば食事会や飲み会などもあるかもしれません。バイト先に連絡をするには，スマホの通信費もかかります。また，車の免許が必要だったり，資格や専門的な知識が必要なので勉強をしなければならないアルバイトもあるでしょう。そうしたアルバイトで収入を得るために必要な支出を除いた金額が，手残り，つまり純利益です。企業の営業利益も同じで，事業を行って得た売上から，その売上を得るためにかかった支出を差し引いた金額です（**図5-3**）。

3-2　損益計算書に書かれている他の項目

　売上と営業利益に続いて，損益計算書にはたくさんの項目があります。本書は全ての項目には触れませんが，図で内容を確認しておきましょう（**図5-4**）。
　左側から流れで見ると，まずは事業で儲けた売上高です。次に，売上高から売上原価を差し引くと，売上総利益が算出されます。そこから，販売費及び一般管理費（宣伝広告費や人件費など）を差し引いたものが，営業利益です。ここまでが，製品やサービスを売って，必要な支出を除いた金額です。

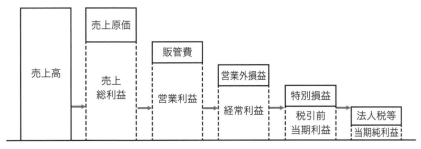

図5-4 損益計算書に書かれている項目の流れ

[注]・営業外損益:「営業外利益」「営業外費用」
　　・特別損益:「特別利益」「特別損失」
[出所] 筆者作成

　企業には，商品やサービスを作るための経費以外にも，収入と支出があります。例えば賃貸できる建物や土地を持っている場合などに，事業以外で得た利益を「営業外利益」と言います。預金の利息も，営業外利益にあたります。一方で，投資をするために借り入れているお金がある場合の返済利息などを「営業外費用」と言います。営業利益に営業外利益を足し，営業外費用を引いた金額が「経常利益」です。事業以外も含めた企業の経済活動全体での利益です。

　さらに「特別利益」と「特別損失」というものがあります。これは文字通り，特別な場合に発生する収益と支出です。「特別利益」とは，企業が保有している土地や建物，機器などを売却した際などに得る収益です。資産を売るのは，企業にとって毎年決まったことではありませんから「特別」な時に得る利益となります。「特別損失」は，企業が保有している株の価値が下がった場合や，保有している建物の補修・解体費用などが出た際など，マイナスの出費のことを差します。「特別利益」と「特別損失」をプラスマイナスし，さらに国に支払う法人税を差し引いた金額が「純利益」，1年間の企業活動で純粋に残った金額となります。純利益は黒字の場合は「利益」ですが，赤字になってしまった場合は「純損失」として記されます。

4 映画会社の「稼ぐ力」分析

では具体的に，企業の「稼ぐ力」がどのくらいなのかを賃借対照表から見ていきましょう。使う数字は「売上高」と「営業利益」の2つです。本書では，企業研究で，営業利益率，つまり企業の収益性を表す「稼ぐ力」に注目をします。

営業利益率の算出方法は「営業利益÷売上高×100」です。とても簡単ですよね。さらに本書では，企業の「売上」と「支出」のバランスを見るために，山根節先生が考案したビジュアル財務諸表の方法を用います。これは，売上と支出，純利益を四角いボックスに金額の分量で表し，そのバランスを見るものです。先ほど，アルバイトの収入と支出の図で用いたような図になります。

4-1 売上と営業利益

映画3社の営業利益率をそれぞれ見ていく前に，企業の営業利益率，つまり「稼ぐ力」の目安を確認してみましょう（**表5-1**）。

産業によってばらつきがありますが，売上高が大きいからといって営業利益率が高いわけではないことが分かります。また，営業利益率については一般的に1％～5％あれば安定した事業であると言えます。1％台だからといって不安になる必要はありません。

次の項からは，映画会社の営業利益について2020年度の有価証券報告書から，2019年度の実績で分析をしていきます。会社の資産と負債，売上と支出のバランスがどのくらいかが，一目で分かります。

それでは，企業の「稼ぐ力」を分析してみましょう。まずは売上と，売上を得るために使った支出をビジュアル化します。その上で，企業が事業を通じてどのくらい利益を出したか，営業利益を計算します。

同じ業界といっても，3社の売上や純利益には幅があることがわかります。このように企業の財務状況を分析する際には単独ではなく，同じ業界の他社と比較することも大事です（**図5-5**）。

（注：映画3社の収支は，演劇興行やイベント事業，物販，ソフト販売など会社の全ての売上であり，映画事業以外の収益も含まれています）

表5-1	産業別の売上高と営業利益率（2019年度，一企業あたり）		
産業	売上高（億円）	営業利益率（%）
製造業		
食料品製造業	136	3.4
金属製品製造業	279.9	4.8
情報通信機械器具製造業	368.2	3
電気・ガス業全体	1734.1	3.6
情報通信業		
インターネット附随サービス業	149.3	14.7
映画・ビデオ制作業	67.9	6.6
小売業		
織物・衣服・身の回り品小売業	321.4	4.2
飲食料品小売業	339	1.9
自動車・自転車小売業	173.7	2.3

［出所］経済産業省（2020）「2019年企業活動基本調査確報 ―平成30年度実績―」，『付表5 産業別，一企業当たり売上高，営業利益，経常利益，当期純利益，売上高営業利益率，売上高経常利益率』[1]

| 図5-5 | 主要映画会社３社の営業収支実績比較（2019年度） |

東宝
売上高営業利益率20.1%

東映
売上高営業利益率15.5%

松竹
売上高営業利益率 4.7%

営業費用 2,099億円　売上高 2,628億円　営業利益 529億円

営業費用 1,194億円　売上高 1,414億円　営業利益 220億円

営業費用 929億円　売上高 975億円　営業利益 46億円

［出所］東宝株式会社，東映株式会社，松竹株式会社の有価証券報告書（2019年度通期）「連結財務諸表」を元に筆者作成

MEMO

　有価証券報告書の財務諸表に書かれている金額単位は一般的に「百万円」単位です。この表記の場合，右から2桁を四捨五入して切り捨てると単位が「億円」となりますので，そのように読むとわかりやすくなります。

4-2　松竹の売上と営業利益

　松竹株式会社の第154期（2019年3月1日～2020年2月29日）の有価証券報告書によると，営業収入，つまり会社全体の売上は，97,479百万円，つまりおよそ975億円です

　売上に対する支出は，まず「営業原価」が，約564億円。そして人件費や広告宣伝費，オフィス等の家賃といった「販売費及び一般管理費」が合計で約365億円です。

　ここから松竹株式会社の154期の売上は，約975億円。売上を立てるための支出の合計は，約929億円です。売上金額を聞くと，およそ1,000億円ですから，ものすごい金額を稼いでいるなと思いますが，支出の金額も多いので驚いたのではないでしょうか。

　損益計算書の「販売費及び一般管理費合計」という行の下に，「営業利益」という行があります。この数値が，企業が事業を通じて得た利益となります。松竹の場合，約46億円が，売上から製品やサービスを提供するためにかかった支出を除いた営業利益，つまり儲けた金額となります。

　それでは，この「売上」と「支出」から企業の「稼ぐ力」の目安となる営業利益率を計算してみましょう。営業利益率は，営業利益（約46億円）÷売上（約975億円）×100（％）ですから，およそ4.7％です。各業界の平均的な営業利益率（p.51の**表5−1**）と比較すると，平均的な数字と言えるでしょう。

4-3　東宝の売上と営業利益

　東宝株式会社の第131期（2019年3月1日～2020年2月29日）の有価証券報告書によると，営業収入，つまり会社全体の売上は，262,766百万円，つまり約2,628億円です。先の松竹株式会社と比べると，同じ映画会社でも2倍以上

の売上があります。

　売上に対する支出は，まず「営業原価」が，約1,493億円。そして人件費や広告宣伝費，オフィス等の家賃といった「販売費及び一般管理費」が合計で約1,058億円です。

　ここから東宝株式会社の131期の売上は約2,628億円，売上を立てるための支出の合計は，約2,099億円です。営業利益は，約529億円です。

　「稼ぐ力」の目安となる営業利益率は，およそ20.1％です。各業界の平均的な利益率と比較すると，かなり大きな数字です。日本国内の邦画興行収益トップ10のほとんどを占める作品を製作・配給する東宝は，他の業界と比較しても「稼ぐ力」がかなり大きいと言えます。

　映画は，他の産業と同じく莫大な材料コストがかかりますが，完成品を１つ作れば，多くの映画館で上映する作品はデジタルコピーで作ることが可能です。自動車産業の場合だと，自動車を１台１台製造するための材料費は台数分かかりますが，映画の場合は作品１本に莫大な費用がかかっても，その量を増やす場合にはコストが少ないという特徴があります。このために，映画が全国・全世界でヒットすればヒットするほど，かかった支出は総売上に対して小さくなります。

4-4　東映の売上と営業利益

　東映株式会社の第97期（2019年４月１日〜2020年３月31日）の有価証券報告書によると，営業収入，つまり会社全体の売上は，141,376百万円，つまり約1,414億円です。松竹と東宝の真ん中といった感じです。

　売上に対する支出は，まず「営業原価」が，約901億円。そして人件費や広告宣伝費，オフィス等の家賃といった「販売費及び一般管理費」が合計で約293億円です。

　ここから東映株式会社の97期の売上は約1,414億円，売上を立てるための支出の合計は，約1,194億円です。営業利益は，約220億円です。

　「稼ぐ力」の目安となる営業利益率は，およそ15.5％です。東宝よりは小さいですが，一般的な産業に比べると，かなり大きな数字で，IT企業と同じくらいです。

東映も，東宝には及びませんが，国内の興行収益ではトップ10に入る作品を毎年製作・配給しています。ここでも収益に対するヒット効果の大きさを読み取れます。

> 📓 **MEMO　映画会社と宣伝広告費**
>
> 　映画3社の「販売費および一般管理費」の項目を見てみると，人件費，宣伝広告費，賞与や退職金といった月給以外の支払金，土地や家賃などがあります。その中でも東宝は宣伝広告費が73億2,600万円，東映は22億4,300万円，松竹は47億900万円と，大きな金額を占めていることがわかります。映画や演劇の広告を私たちはテレビやインターネットなどでよく目にしますが，まずは劇場に足を運んでもらわなければ売上にならないコンテンツ産業は事前の宣伝が非常に重要で，営業支出の中でも大きな金額を占める傾向にあります。
> 　最近人気の初日舞台挨拶の費用も，この宣伝広告費予算に含まれます。

5　企業の「資本」を分析する：映画3社の資産と負債（損益計算書）

　次に，有価証券報告書の「賃借対照表」を見ていきます。企業が保有している資産（貯金や土地など）と，借りている負債にも注目してみましょう。

5-1　資産と負債とは何か

　「賃借対照表」に書かれている内容は，企業が所有している「資産」つまり現金や預金，株などの証券，建物や機械などの施設・設備と，「負債」つまり銀行から借りているお金や，長期で契約しているリースなどの支払いが決まっている金額についてです。保有している財産から，支払うべきお金（負債）を引き算したものが「純資産」，企業が純粋に持っている財産です。資産の総額は，負債の総額と純資産の合計金額と等しくなります（**図5-6**）。

　「賃借対照表」というページを確認すると，「資産の部」という項目の中には大きく「流動資産」「固定資産」「投資その他の資産」，「負債の部」には「流動負債」「固定負債」，そして「純資産の部」という項目があります。これらの項目を，家庭の生活に例えて一度整理してみましょう（**図5-7**）。

図5-6　ビジュアル賃借対照表

[出所] 山根（2011）を参照して筆者作成

図5-7　賃借対照表を家庭の生活に例えると？

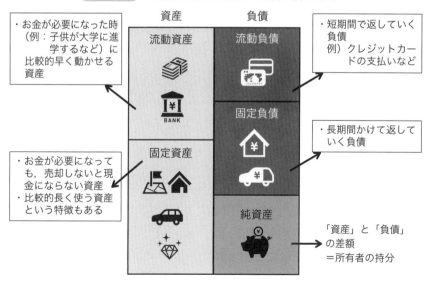

[出所] 筆者作成

まず「資産」の中の「流動資産」は現金や預金，販売前の商品や製品，製品を作るために企業が保有している原材料や貯蔵品などを言います。家庭の場合は，貯金などに該当し，支払いのためにお金が必要になった時に比較的早く動かせる資産のことです。

　「固定資産」とは，土地や建物，製造業の場合は工場の中の機械や設備，工具といった，売却をしないとすぐには現金にならない資産です。家庭の場合も，自宅の土地・家屋や，車などが固定資産に入ります。固定資産には，長く使うことで価値が出るものという特徴もあります。

　次に「負債の部」です。企業が事業を行うには資金が必要です。自前の資金はもちろんですが，大きな事業を行うには借り入れも必要になるでしょう。「流動負債」には，金融機関からの借入金の中で，1年以内に返済予定のお金や，社員に毎年支払うボーナスといった，短期間で出ていく予定の金額が含まれています。家庭に例えると，クレジットカードで買い物をした金額は，その後で支払いをしますよね。こうした短期で返済をする借り入れが「流動負債」です。

　「固定負債」とは，長期借入金といって長い期間で返済をする借り入れや，退職金のように少し遠い将来に支払うお金が含まれます。家計に例えると，住宅や車を購入する際に組むローンのように，大きな金額を長期間かけて定期的に返していく支出です。

　この，資産の合計から負債の合計を引いた金額が「純資産」です。支払い予定のない，企業の純粋な持分を金額評価したものが純資産になります。

5-2　映画会社の自己資本比率

　映画会社3社の資産と負債のバランスを図にして見ていきましょう。並べてみると売上と同じで，同じ業界でも企業によって差があることがわかります。資産の中身でみると，3社とも「固定資産」が資産全体の半分以上あります。映画会社は映画館を全国に持っていますので，建物や，映画を上映するための映写機などの設備が大きいのが特徴ですから，「固定資産」をたくさん持っています（**図5-8**）。

　ここで「自己資本比率」という数字にも注目してみましょう。「自己資本比

図5-8　主要映画３社の資産と負債（2019年度）

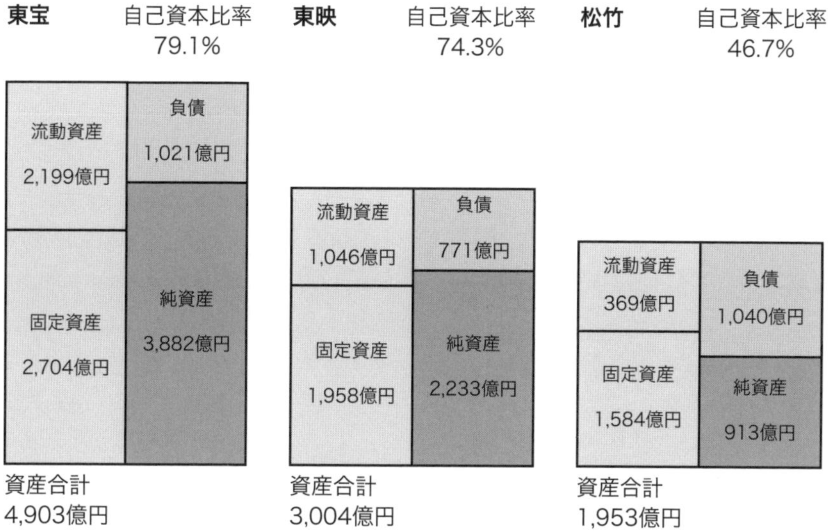

東宝　自己資本比率 79.1%　　**東映**　自己資本比率 74.3%　　**松竹**　自己資本比率 46.7%

流動資産 2,199億円	負債 1,021億円
固定資産 2,704億円	純資産 3,882億円

資産合計 4,903億円

流動資産 1,046億円	負債 771億円
固定資産 1,958億円	純資産 2,233億円

資産合計 3,004億円

流動資産 369億円	負債 1,040億円
固定資産 1,584億円	純資産 913億円

資産合計 1,953億円

［出所］東宝株式会社，東映株式会社，松竹株式会社の有価証券報告書（2019年度通期）「連結財務諸表」を元に筆者作成（千万円以下四捨五入）

表5-2　主要映画会社３社の自己資本比率比較

企業名	総資本	純資産（自己資本）	自己資本比率
東宝	4,903億8,300万円	3,882億1,200万円	79.1%
東映	3,003億7,900万円	2,232億900万円	74.3%
松竹	1,953億3,600万円	912億9,200万円	46.7%

［出所］東宝株式会社，東映株式会社，松竹株式会社の「有価証券報告書」（2019年度通期）を元に筆者作成（小数点１桁以下切り捨て）

率」とは，全ての資産の中で，返済に充てる必要のない純資産がどのくらいあるかの比率です。自己資本比率の計算方法は「純資産（自己資本）÷総資本（負債と純資産の合計）×100」です。主要映画会社３社それぞれの自己資本比率を計算してみると，表のようになります（金額は2020年の有価証券報告書に基づきます）（**表5-2**）。

　一般的に自己資本率が40％以上あると倒産しにくい企業であると言われます。

こうして見てみると，映画会社は自己資本比率がとても高い業種だとわかります。

| 注 |

1　「2019年企業活動基本調査確報 – 平成30年度実績 –」https://www.meti.go.jp/statistics/tyo/kikatu/result-2/2019kakuho.html（最終確認日：2020年10月6日）

📖✏️ ワークシート❿【企業分析】調べたい企業の「損益計算書」を
　　　　　　　　　　　　　ビジュアル分析しよう

　あなたが分析したい企業の最新の有価証券報告書を入手して「損益計算書」を見つけましょう。「売上」「営業原価」「販売費及び一般管理費合計」「営業利益」の項目を用いてビジュアル分析をしてみましょう。

ワークシート⓫【企業分析】調べたい企業の「資産」と「負債」「自己資本比率」をまとめてみよう

　あなたが分析したい企業の「賃借対照表」から，「資産合計」と「負債合計」「純資産合計」の数字を記入しながら，自己資本比率を確認してみましょう。

　分析企業の安定性はどのようになりますか。業界の複数の会社の比較もしてみましょう。

（単位：百万円）

企業名	総資本 （負債合計＋純資産）	純資産	自己資本比率
			％
			％
			％

SWOT分析

有価証券報告書と企業HPから分析する

1 この章のポイント

　企業研究もいよいよまとめに入ります。ここでは「SWOT（スウォット）分析」というフレームワークを使って，分析する業界や企業が今後，どのような経済，技術，環境的な変化を受けるか，その場合に企業の強みと弱みをどのようにコントロールしていけるかを整理していきます。

　SWOT分析は1970年代にアメリカのスタンフォード大学で研究プロジェクトを導いたアルバート・ハンフリーによって構築されたフレームワークです。このフレームワークは，企業活動の意思決定をする人物，つまり社長や戦略部門の人々が自社を分析するためによく用いられます。今回はあなたも，経営者になったつもりで，気になる企業を分析してみましょう。

　分析には，第5章で確認した，企業の「有価証券報告書」を使います。調べたい企業が有価証券報告書を公開していない場合は，企業ホームページや，企業についてのニュース記事から情報を集めて，自分なりに強みと弱みを整理してみましょう。

2 映画業界のSWOT分析

　SWOT分析は「S（強み：Strength）」「W（弱み：Weakness)」「O（機会：

図6-1　SWOT分析

内部環境要因

Strength
強み

Weakness
弱み

外部環境要因

Opportunity
機会

Threat
脅威

［出所］筆者作成

Opportunity)」「T（脅威：Threat)」の頭文字から名付けられたフレームワークです。

　「強み」と「弱み」では，資源（施設，知的財産，企業が保有する資産)，組織と人材，ブランド力といった，企業の内部環境要因，つまり企業が自分でコントロール可能なものを整理・分析します。

　「機会」と「脅威」では，経済情勢，文化，技術革新，政治や法律，人口変動，環境変動といった，外部環境要因，つまり自社ではコントロールできないものを整理・分析します（**図6-1**)。

　企業の「強み」と「弱み」を知る上でも，有価証券報告書が役に立ちます。目次にある「事業の内容」や「事業の状況」という項目には，事業を行う上での強み（資源やブランド力など）が書かれていますし，財務諸表を細かく読めるようになると財務上の強みと弱みを知ることができます。ここでは主に，主要映画会社3社の映像事業に限定をし，有価証券報告書の「事業の概要」部分に書かれている「業績などの概要」「事業のリスク」「対処すべき課題」から，要素を読み取っていきます。「機会」と「脅威」は共通する点が多いため，最後に業界全体の分析としてまとめます。

2-1　企業の内部環境要因（「強み」と「弱み」）

　具体的な企業の内部環境要因には，次の**表6-1**のようなものがあります。これらの項目の「強み」「弱み」という内容評価は，企業に勤めている人しか

表6-1 企業の「強み」と「弱み」を構成する内部環境要因

お金	自己資本力，資金調達力，安定性　など
人材	経営者・従業員の意欲，知識の蓄積　など
生産能力	生産能力，設備，技術力　など
マーケティング力	ブランド力，知名度，顧客満足度，価格，流通，プロモーション力　など

［出所］筆者作成

わからない点も多くあります。気になる企業については，ホームページや，企業を取材した記事，会社のIR情報などを日々チェックして蓄積していくといいでしょう。

2-2　企業の外部環境要因（「機会」と「脅威」）

　外部環境要因とは，例えば災害や人口減少など，会社がコントロールできない要因で起こりうる，事業に影響をもたらす要素です。具体的には次の**表6-2**のようなものがあります。外部環境要因に該当する項目を知るひとつの手段として，有価証券報告書の「企業のリスク」という項目を参照するといいでしょう。それだけではなく，気になる企業については，どのような外部環境要因があるかを把握した上で，ニュースなどを日々確認しながら自分で考える習慣をつけるようにしましょう。

表6-2　企業の「機会」と「脅威」を構成する外部環境要因

大きな外部環境要因	政治，経済，文化，技術，法律，自然環境などの大きな変化
市場に関連する外部環境要因	市場，顧客，競合企業，供給企業の変化

［出所］筆者作成

3　主要映画会社3社の「強み」と「弱み」

　それでは具体的に，主要映画会社3社の「強み」と「弱み」を見ていきま

しょう。同じ業界でも，前の章の財務分析で3社の売上や資本には差があることがわかりました。ここでは，1社ずつ「強み」と「弱み」をまとめます。

3-1　松竹の「強み」と「弱み」分析

　松竹の「強み」は，1950年代からの映画作品，演劇作品の豊富な作品アーカイブを持っていることです。これら名作のアーカイブをパッケージや配信，海外展開していくことで収益を拡大することができます。また，映画製作においては社外の監督やスタッフとのつながりも大きな資源です。映画館についてはシネコンの松竹マルチプレックスシアターを運営していますが，ライバルと大きく差をつける施設設備を充実することが課題であり，現在は差別化が難しいのが「弱み」とも言えます。映画作品については，演劇製作の資源をいかした『シネマ歌舞伎』やニューヨーク・メトロポリタン・オペラを映像化した『METライブビューイング』は独占的なコンテンツで「強み」となりますが，東宝や東映のように毎年シリーズ展開が可能なアニメ作品の数が少ない点は「弱み」と言えます（**図6-2**）。

3-2　東宝の「強み」と「弱み」分析

　東宝の「強み」は，放送局のヒットドラマの映画化や，スタジオジブリ作品を始め『劇場版名探偵コナン』『劇場版ドラえもん』といったアニメシリーズ等の国内大型作品を複数持っていることです。2019年度の国内興行収益ランキングを見ると，10位以内の作品をほぼ東宝が占めていることからも，その作品力の強さがわかります。また4DXシアターの開発，設備拡大といった，体験型劇場への投資も積極的に行っています。

　東宝は作品の宣伝力や映画館への流通ネットワークも確立されていて，それも大きな「強み」となっています（**図6-3**）。

3-3　東映の「強み」と「弱み」分析

　東映の「強み」は，3社の中でも圧倒的な数を誇るヒットアニメコンテンツの製作力です。劇場版でシリーズ化されている『ONE PIECE』や『ポケットモンスター』は毎年莫大な興行収益を上げています。また映画だけではなく，

図6-2　松竹の「強み」と「弱み」

	Strength（強み）	Weakness（弱み）
内部環境要因	・優秀な人材（監督，脚本家　等） ・作品制作能力 ・充実したシネコン ・山田洋次監督作品，歌舞伎，オペラのライブビューイングなどブランド力の高い作品 ・過去の作品アーカイブ	・アニメシリーズなどの定期的ヒットが見込める作品が少ない ・宣伝広告がそれほど強くない ・予算の高いコンテンツが多い（歌舞伎など）

［出所］筆者作成

図6-3　東宝の「強み」と「弱み」

	Strength（強み）	Weakness（弱み）
内部環境要因	・優秀な人材（監督，脚本家　等） ・作品制作能力 ・ジブリ作品，『名探偵コナン』シリーズなどの安定的ヒット作品 ・4DXシアターの開発能力 ・宣伝広告能力が高い	・ヒット作品が漫画やドラマなど外部の原作に依存しているためオリジナル作品が少ない ・興行収益ランキング上位に入る作品が固定化しており，新しい作品開発を行う必要がある

［出所］筆者作成

テレビのアニメ番組やドラマ番組の製作力も東映の強みです。テレビドラマシリーズでは『相棒』や『科捜研の女』シリーズ，また『仮面ライダー』『スーパー戦隊シリーズ』があります。さらに，京都の東映太秦映画村など映画製作の資源をいかしたアミューズメントパークの運営をしています。他社にはない「強み」ですが，運営コストがとても高いため「弱み」も含むと考えることもできます。

　映画館ではシネマコンプレックスの「T・ジョイ」を全国展開していますが，他の2社に比べると館数・スクリーン数が少ないことが「弱み」と言えるでしょう（**図6-4**）。

Part1　業界・企業研究の基礎

図6-4　東映の「強み」と「弱み」

	Strength（強み）	Weakness（弱み）
内部環境要因	・優秀な人材（監督，脚本家　等） ・作品制作能力 ・『ドラゴンボール』『ONE PIECE』 　シリーズなどの安定的ヒット作品 ・アニメの海外販売 ・戦隊ヒーロー作品やドラマなどTV 　作品製作能力 ・テーマパークの保有，運営	・ヒット作品が漫画やドラマなど外部 　の原作に依存しているためオリジナ 　ル作品が少ない ・シネコンの数がそれほど多くない ・テーマパーク運営の高コスト性

［出所］筆者作成

4　映画会社の「機会」と「脅威」

4-1　映画会社にとっての「機会」

　続いて，企業を取り巻く外部環境要因に注目をして「機会」と「脅威」を整理・分析していきます。主要映画会社3社については，この2つの項目で共通するものが多いため，ここでは業界全体での分析をしていきます。

　まず日本の映画業界の「機会」には，アニメ作品を主軸とした圧倒的な作品製作能力があります。アカデミー賞の外国映画賞も受賞したスタジオジブリ作品や，『名探偵コナン』『ドラえもん』『ポケットモンスター』『ラブライブ！』といった毎年ヒットするシリーズに加え，近年では新海誠監督の作品や『鬼滅の刃』といったヒット作もあります。こうしたアニメ作品は海外でも人気が高く，今後，上映や放送する国と地域を増やしていくことで収益を拡大するチャンス（機会）があります。

　また，近年の新しい映画館での作品鑑賞のあり方も，大きな「機会」です。

　ひとつ目は，映画館でしかできない体験の提供です。映画館に足を運ぶ観客数が減少するという危惧もありましたが，IMAXシアターや，4DXシアターでの作品上映は観客に「没入感」や「アトラクション要素」からなる「体験」を提供する，従来の映像作品とは違った商品です。こうした特殊シアターは入場料が一般のスクリーンより高くても，「体験」に価値を見出す顧客が多いの

第6章

SWOT分析

65

でビジネスが成立します。日本は，4DXなどの体験型シアターの技術開発も精力的に行っていますので，技術の海外展開も期待ができます。また，近年多くの観客を集める俳優の舞台挨拶付き上映や，『アナと雪の女王』で多くの集客をした映画を観ながら歌う企画といったイベントも，映画館ならではの体験ビジネスとして欠かせないものとなっています。

　2つ目は，音楽コンサートや演劇，スポーツ中継のライブビューイングといった新しいコンテンツの開発です。近年，ODS（Other Digital Source）と呼ばれる，映画以外のコンテンツを映画館で上映する企画に映画会社，放送局や芸能プロダクションが提携して取り組んでいます。

　2010年代に日本でも浸透してきた動画配信もまた，映画業界にとっては「機会」だと言えます。NetflixやAmazonに配信権を販売することで新たな収益を得ることができますし，配信オリジナル作品の製作を行うケースも増えています。ただし一方で，動画配信サービスは，映画会社自身が運営していることもあるため，外資系のプラットフォームはライバルにもなり得ます。また，映画館に足を運ぶ観客を減らしてしまうリスクもゼロではありません。

📝 **MEMO　SWOT分析の検討と見直し**

　企業のSWOTは，政治経済状況が，地球環境の変化や災害によって大きく変わることがあるため，常に見直しを行うことが必要となります。
　例えば映画業界は近年，映画館の設備投資を行い，大きなスクリーンや高品質の音響装置を備え，充実した体験をビジネスの提供価値とし，ヒット作の公開とともに収益拡大をしてきました。ところが2020年の新型コロナウィルス感染拡大下では全国の映画館が営業自粛をし，主要映画会社3社の収益は前年同期と比べおよそ90％減少しました。このように感染症の流行といった外的要因が加わった際には，「機会」だった要素が「脅威」となり得ます。

4-2　映画会社にとっての「脅威」

　第二次世界大戦後，市民に娯楽を提供してきた映画会社は，テレビ放送や動画配信といった新たな技術による顧客ニーズの変化を受けながら，時代に合わせたビジネスモデルを構築して事業を継続してきました。

ところが，映画ビジネスには常に複数の「脅威」が存在します。

　ひとつ目は，映画作品は上映するまでヒットするかどうかが分からない商品のため，予想していた収益を保証できないというリスクです。例えば，食品メーカーが作るお菓子などはテスト販売をして顧客の反応をみながら商品開発をすることができます。自動車なども，売れている車種の良さを継承させた新車種の開発が可能です。ところが映画は完成後でなければ上映ができませんし，前作がヒットしたからといって次のシリーズもヒットするかどうかは公開してみないと分かりません。「ヒットが保証できない」ことは大きな脅威となります。

　また，海外で作品を上映する際には文化の違いや宗教の違いも「脅威」となります。日本でヒットした作品でも，文化が違えば全く面白さが伝わらないこともあります。

　2つ目は，著作権の侵害です。映画館で上映作品を録画してDVDやBlue-Rayに違法にコピーをして販売したり，無料動画サイトにアップするといった犯罪は後を絶ちません。国内での著作権侵害については，企業の専門部署や業界団体が調査を行い対策をしていますが，海外となると調査を仕切れないこともあります。海外で著作権侵害が行われた場合は，発見のしづらさや利用者規模の大きさから，被害の規模も大きくなります。

　3つ目は，日本国内における人口減少です。映画会社の本業は，映画館で作品を観てもらうことです。特に人気娯楽作品の多くは若者がターゲット顧客です。若者の人口が減少し続ける状況では，長期的に見ると映画館の入場者数は減っていくと考えられます。

　4つ目は，災害や大規模な感染症といった脅威です。実際に，2011年3月の東日本大震災の後は映画館の入場者数が大きく減りました。災害によって東北地方の映画館が被害を受け，上映ができなくなったほか，関東圏でも停電や節電により上映時間が短縮された影響があります。また，2020年初頭から世界的な感染拡大をした新型コロナウィルスによる劇場公開自粛は映画業界に大きな打撃を与えました。

　5つ目は，経済状況の変動です。2008年のリーマンショックによる不況や，昨今では2020年のコロナ禍のような消費減少が起こると，生活必需品ではない

娯楽への出費は抑えられる傾向があります。また，経済状況が悪化すると企業が保有する株などの資産価値も減少することがあり，映画製作の予算調達が難しくなることもあります。

　こうして分析をしてみると，映画業界の今後の可能性や，抱える課題が見えてきました。第二次世界大戦後に発展した日本の映画産業は，これまで幾多の技術革新の時代を，ビジネスモデル革新や新たな作品開発で乗り越えてきました。今後の社会では急速に進むデジタル化を踏まえて，企業の「強み」と「機会」をいかして，いかに「脅威」を回避すべきかを，若い世代の皆さんが考えていく必要がありそうです。

　「機会」と「脅威」を考えるためには，企業のホームページを調べるだけではなく，日頃，ニュースをチェックして，経済や政治が企業活動にどのように影響するかを考える習慣を身につけましょう。自分でSWOT分析を行う際に，ニュース・書籍などで知った知識や，大学で学んだ知識から想定される項目を書き込んでいくといいでしょう。

　最後に，映画業界全体としてのSWOT分析をひとつの図に示します（図6-5）。本来，SWOT分析は単独の企業を分析するフレームワークですが，「機会」と「脅威」には業界内で共通点が多いため，ここでは映画業界全体を対象として分析をします。大きな「強み」は上質な作品を作る製作能力ですが，その中には，優秀な監督やスタッフ，俳優に協力してもらうための調整をする部署，外部のプロダクションや放送局と提携してビジネスを行うための部署で仕事をする「優秀な人材」が必要となります。過去の名作アーカイブや，海外への作品販売といった著作権を活用する「強み」では，法律の専門知識を持った人材が必要です。こうして考えると企業の強みには，人が大きく関わっていて，様々な専門性を持った人材が強みとなります。あなたも，志望する業界で活躍するための強みを持っているか，考える材料にしてもいいでしょう。

図6-5　日本映画業界のSWOT分析

	Strength（強み）	Weakness（弱み）
内部環境要因	・優秀な人材（監督，脚本家　等） ・作品制作能力 ・アニメを中心としたシリーズ作品による安定性 ・映画館のサービス品質の高さ ・コミック，グッズなどと連動した販促の強さ	・ヒット作品が漫画やドラマなど外部の原作に依存しているためオリジナル作品が少ない ・ヒット作品の固定化と新作開発の必要性
	Opportunity（機会）	Threat（脅威）
外部環境要因	・アニメ作品の海外展開 ・ライブビューイング，4DXなど体験型の視聴コンテンツ開発 ・動画配信サービスの普及による新たな収益チャンス	・海外展開における文化障壁 ・感染症などの流行による劇場閉鎖リスク ・動画配信など新たなテクノロジーによる市場破壊 ・著作権侵害のリスク ・人口減少と少子高齢化によるマーケットの縮小

［出所］筆者作成

5　映画業界の企業分析　まとめ

　SWOT分析には，ここまで章ごとに分析してきた企業研究の視点が盛り込まれていたことに気づいたでしょうか。

　企業の「強み」と「弱み」を整理して書き込むには，第2章で取り組んだ歴史分析で発見した「企業の理念」と「企業の資源」，第3章で取り組んだ「組織や職種」の知識が必要となります。財務的な強みや弱みを把握するには，第5章で学んだ企業の財務諸表から得る知識が役立つでしょう。

　「機会」や「脅威」を考える際は，第4章で学んだビジネスモデルが役に立ちそうです。企業にどのような資源やパートナーがあり，それをどのように活用して価値を生み出すかを理解しておけば，今後，企業にとって何が機会（チャンス）で，何が脅威となるかを考えるヒントになります。

　ここまで学んできたフレームワークを用いて，あなたの気になる企業を調べ

てみましょう。

　繰り返しますが，就職活動で志望企業を検討する際，不安な気持ちになるのは情報が足りないこと，また情報を分析する方法がわからないことが大きな原因です。企業研究は手間がかかりますが，本書で紹介したフレームワークを用いて，気になる企業の理念や安定性，未来のことを把握すれば，漠然とした不安が少し小さくなるはずです。

📖✏️ ワークシート⓬【企業分析】気になる企業の「強み」と「弱み」をまとめてみよう

	Strength（強み）	Weakness（弱み）
内部環境要因		

📖✏️ ワークシート⑬【企業分析】調べたい企業の「機会」と「脅威」をまとめてみよう

　あなたが分析したい企業や業界の「機会」と「脅威」にはどのようなことがあるかを整理して，SWOT分析を完成させましょう。企業を取り巻く外的要因を考えるには，日頃からニュースを始め，幅広いことに興味を持って知識を蓄えておくことが必要です。

　SWOT分析は，ひとつの企業を分析対象としたほうがより詳しい内容を書き込めます。同業界で複数の企業をそれぞれ分析して，比較をしてみてもいいでしょう。

	Strength（強み）	Weakness（弱み）
内部環境要因		
	Opportunity（機会）	Threat（脅威）
外部環境要因		

71

参考文献

荒井富雄（2013）『松竹青春物語　忘れ得ぬ戦後松竹黄金期』大空出版

小野桂之介・根来龍之（2001）『経営戦略と企業革新』朝倉書店

春日太一（2012）『仁義なき日本沈没　東宝vs. 東映の戦後サバイバル』新潮社

河島伸子（2009）『コンテンツ産業論—文化創造の経済・法・マネジメント』ミネルヴァ書房

高橋光輝（2014）『コンテンツ産業論』ボーンデジタル

デビット・J・コリス，シンシア・A・モンゴメリー著　根来龍之，蛭田啓，久保亮一訳（2004年）『資源ベースの経営戦略論』（東洋経済新報社）

根来龍之・富樫佳織・足代訓史（2020）『この一冊で全部わかる　ビジネスモデル基本・成功パターン・作り方が一気に学べる』SBクリエイティブ

マイケル・ポーター著　土岐坤訳（1985）『競争優位の戦略—いかに高業績を持続させるか』ダイヤモンド社

升本喜年（1988）『松竹映画の栄光と崩壊—大船の時代』平凡社

松本平（2012）『日活昭和青春期　日本でもっとも長い歴史をもつ映画会社の興亡史』WAVE出版

山根節（2011）『山根教授のアバウトだけどリアルな会計ゼミ』中央経済社

早稲田ビジネススクール（内田和成・遠藤功・太田正孝・大滝令嗣・木村達也・杉浦正和・西山茂・根来龍之・法木秀雄・守口剛・山田英夫）（2012）『ビジネスマンの基礎知識としてのMBA入門』日経BP社

 参考資料

東映株式会社（1992）『クロニクル東映：1947-1991』東映

東宝株式会社（1982）『東宝五十年史/東宝五十年史編纂委員会編纂』東宝

松竹株式会社（1996）『松竹百年史』松竹

経済産業省（2009）『映画産業ビジネスモデル研究会報告書』

松竹株式会社HP

東宝株式会社HP

東映株式会社HP

Part 2

主要業界の企業分析

〈 Part 2 のポイント 〉

Part 1 では，映画業界の主要企業 3 社を詳しく分析しながら，企業研究の流れと，考え方の基盤にするとよい経営学の概念，フレームワークを説明してきました。

この Part 2 では日本国内の主な産業について，同じように主要な 3 つ以上の企業を比較しながら分析を試みます。分析には，学生の皆さんが情報ソースとできる企業ホームページと，各企業の『有価証券報告書』を用いています。気になる業界を確認しながら，もっと自分で分析を掘り下げてもいいですし，全体的に読むと業界それぞれの特徴を見つけることができます。

Part 2 のそれぞれの章は，次のような構成となります。

・業界のポイント

・歴史分析：会社の理念や資源を知る

・組織の分析：仕事を知る

・ビジネスモデル

・稼ぐ力（財務分析）

・「機会」と「脅威」の分析

最後の項目について補足ですが，映画業界では SWOT 分析を用いて説明をしましたが，本来，SWOT 分析は単独企業の分析に用いるフレームワークです。そのため，Part 2 では，企業ごとの独自性を分析する「強み」「弱み」の分析を行わず，業界全体での共通事項が多い「機会」と「脅威」の分析のみを行っています。自分で調べたい企業についてはぜひ，ワークシートを使って「強み」と「弱み」を分析してみましょう。

また Part 2 では，東証一部に上場していて企業情報，収益情報を公開している会社を取り上げています。もし自分で企業分析を行う際，対象が非上場の企業だった場合は，同じ業種の企業を調べてみたり，企業説明会に参加して資料を入手する，ホームページから得られる情報を調べるようにするといいでしょう。なお，東洋経済新報社より『就職四季報　優良・中堅企業版』という書籍が毎年発売されていますので，こちらで中堅企業の特徴を調べることができます。

第 7 章

自動車業界

第二次世界大戦後，日本の経済成長を支えてきた主力である自動車産業は，2010年代以降「100年に一度の構造変化」の最中にあります。

キーワードは「電動化」「自動運転」「サービス化」で，これまでの車の概念であった「所有」と「運転」が，環境変化やデジタル化によって大きく変わることになります。

3つのキーワード以外に，自動車製造の拠点や，購買ニーズの高い国も変化しています。南米，アジア，アフリカといった新興国でのセールスや，世界をネットワークとしてつなぐサプライチェーンマネジメント等，国境を越える自動車産業ならではの資源とチャンスをいかに掴むかが企業の生存を決めると言えそうです。

本章では，国内自動車メーカーの中から売り上げ上位のトヨタ自動車，日産自動車，本田技研工業（以下，トヨタ，日産，ホンダと表記）の3社を分析していきます。

1 自動車業界のポイント

自動車業界の世界売り上げトップはドイツのフォルクスワーゲン（販売台数1,095万台），2位は日本のトヨタ自動車（販売台数1,074万台）です[1]（2019年時点）。自動車1台には，一般的に3万以上の部品が必要だと言われています。販売台数が多ければ多いほど大量生産が可能となり，材料調達や製造のコスト，

人件費を効率化することができるため，収益率は上がります。ですからこれまでの自動車業界では，機能性の高いモデルを開発し，大々的な広告キャンペーンを行って台数を多く売ることが勝ち手でした。

2020年代に入り，人の移動をサポートするビジネスとして「MaaS」「CASE」という言葉が注目されています。「MaaS」とは，Mobility as a Service（モビリティ・アズ・ア・サービス）のことで，言葉の通り「移動のサービス化」です。目的地までの移動に，自家用車と公共交通を必要なだけ便利に組み合わせるという考え方です。もうひとつの「CASE」は，インターネットで車をクラウドにつなぐ「Connected（コネクテッド）」，自動化の「Autonomous（オートノマス）」，車を持たずシェアして使う「Shared & Service（シェアード・アンド・サービス）」，電動化の「Electric（エレクトリック）」の頭文字です。MaaSが様々な移動手段を組み合わせて価値を作る概念だとすると，CASEはそれを実現するための具体的な手段で，この二つは相互に関係し合います。

2　歴史分析：会社の理念や資源を知る

　アメリカの自動車メーカー，フォード・モーターが大量生産の工場を本格的に稼働させたのは1910年です。それから20年あまり後の1930年代に日本でも自動車製造を行う会社が誕生しました。緻密で几帳面な日本人の性質をいかした生産の効率化によって安全で燃費の良い，しかも安価な自動車が市場に登場し，北米・ヨーロッパに自動車を輸出するようになりました。自動車業界の歴史を見ると，早くから海外での市場拡大をしてきたことがわかります（**表7-1**）。

　自動車メーカーはSociety3.0（工業社会）時代の花形企業です。複雑なエンジン開発，燃費の向上といった様々な最先端技術と，複雑で多岐にわたる部品を組み合わせて品質の高い製品を作るインテグラル型という製法，部品調達から製造までの効率的なオペレーション手法を生み出してきました。日本の自動車メーカーは，「技術革新」と「ものづくり」に対する創業者の強い思いを今も受け継いでいることも特徴です。

　トヨタ自動車の理念である「トヨタ・フィロソフィー」は，グループ創始者である豊田佐吉の考え方をまとめた「豊田綱領」として受け継がれ，「上下一

表7-1 自動車業界の歴史年表（1930年代～2020年代）

	トヨタ	ホンダ	日産
1930年代	・トヨタ自動織機製作所内で自動車の研究を開始（1933年） ・トヨタ自動車工業設立（1937年）		・自動車製造株式会社として神奈川県横浜市に創業（1933年） ・日産自動車と改称（1934年）
1940年代	・東京，名古屋，大阪の各証券取引所に株式を上場 ・愛知工業（現在のアイシン精機）を設立（1949年） ・日本電装（現在のデンソー）を設立（1949年）	・浜松市に本田技術研究所を開設し，内燃機関，工作機械の研究を開始（1946年） ・本田技研工業株式会社を設立（1948年） ・二輪の生産開始（1949年）	
1950年代	・トヨタ自動車販売を設立（1950年） ・米国トヨタ自動車販売設立（1957年）	・東京証券取引所に株式上場（1957年） ・米国に法人を設立（1957年）	・東京証券取引所に株式上場（1951年） ・乗用車の対米輸出開始（1958年）
1960年代～1990年代	・アメリカ，オーストラリア，イギリスを中心に世界に製造工場と販売拠点を拡大	・四輪車生産開始（1963年） ・タイ，カナダ，南米，アメリカ，イギリスを中心に世界に製造工場と販売拠点を拡大	・アメリカ，メキシコ，スペインに製造工場と販売拠点を拡大 ・フランスのルノーと資本提携（1999年）
2000年代～	・金融統括会社トヨタファイナンシャルサービスを設立（2000年） ・スズキと業務提携（2017年） ・マツダと業務提携（2017年） ・パナソニックと，街づくり事業，車載型電池事業の合弁会社を設立（2020年）	・中国に本田技研工業（中国）を設立（2004年）	・日産ファイナンスを通じてルノーへ資本参加（2002年） ・ルノー，ダイムラーAGとの戦略的協力を発表（2010年） ・メキシコ，ブラジル，インドネシアに工場を設立 ・三菱自動車工業との合弁会社を設立（2017年）

［出所］トヨタ自動車株式会社，本田技研工業株式会社，日産自動車株式会社の「有価証券報告書」（2019年度通期）を元に筆者作成

致，至誠業務に服し，産業報国の実を挙ぐべし」「研究と創造に心を到し，常に時流に先んずべし」などといった5つの考え方を企業のDNAとしています。ホンダは「自立」「平等」「信頼」から成る「人間尊重」の精神と，車を通した「三つの喜び（買う喜び，売る喜び，創る喜び）」を理念としています。日産の経営理念は，お客様満足を第一義とし，自らの成長を通じて，企業の永続的な発展をはかる，というものです。3社の理念には，技術の創造を通じて国と顧客に貢献したいという思いがあります。

　表7-2は，自動車会社の資源をまとめたものです。

　日本の自動車業界の発展は卓越した製品開発力もさることながら，部品を作る機械の発明・製造，組み立てラインのオペレーション構築にあります。自動車メーカーにとって，その発明と技術の集大成である工場は大きな資源です。車の製造は知財の塊といっても過言ではなく，エンジンはもちろん，部品，デザイン，製造の流れにも多くの特許があります。

　収益獲得に販売台数が大きく関わる上，1台の価格が高額な自動車は，原材料調達や製造工程でいかに無駄を省いて原価を抑えられるかが利益を左右します。原材料調達の無駄を減少させるトヨタの「トヨタ生産方式」といったオペレーションそのものや，製造プロセスの効率化を設計・実践できる社員も企業の大きな資源となります。

表7-2　自動車会社の資源

資源	具体的内容	自動車会社の場合
有形資産	不動産，設備・機械，原材料など	土地，工場機械・装置，建物（本社，工場），建設仮勘定，賃貸用車両および器具，運搬具など
無形資産	会社の評判，ブランドネーム，文化，技術的知識，特許や商標	知名度，ブランド，特許，商標，データシステム　など
組織の能力	人材，事業を行うプロセスの複雑な組み合わせ方	高度な効率性を実現する社員，研究開発能力，オペレーション構築能力

［出所］コリス・他（2004）p.45を元に筆者作成

3　組織の分析：仕事を知る

　図7-1は，ホンダの組織図です。自動車は最先端技術の塊ですから，素材や摩擦などの科学，物理研究を行って技術を生み出す先進技術研究所，航空機エンジンの研究開発を行う先進パワーユニットエネルギー研究所があります。ライフクリエーションセンターでは，ホンダの技術を生かして発電機や耕運機，草刈機といった自動車以外の製品開発を行っています。デザインセンターは車のデザインを行う部署で，美しいフォルムだけではなく，環境への影響を配慮した車体デザインを行う役割があります。HRD Sakuraは，F1などカーレースに出場する専用車の開発・製造を行います。

　ホンダは「S・E・Dシステム」といって，「Sales（販売）」「Engineering（生産）」「Development（商品開発）」と，それぞれの分野のスペシャリストが専門的知見を出し合って製品を市場に出していく組織を作っています。

　自動車メーカーは関連会社が非常に多いことも特徴です。部品を製造する専門関連会社や，海外の製造工場，販売会社を入れると，トヨタで528の子会社と201の関連会社（合計729社），ホンダで430の関連会社があります。その中には車体の一部を組み立てる会社や，販売専門会社もあります（図7-2）。こうした多くの関連会社と本社が協力的な取引を行うのは，安定した製品供給の確保はもちろん，新技術の情報漏洩を守り，いち早く製品に取り入れるために欠かせません。

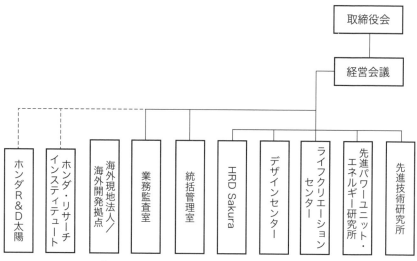

図7-1　本田技研工業株式会社の組織図

［出所］本田技研工業HP[3]を元に筆者作成

4　ビジネスモデル

　ここでは自動車メーカーのこれまでのビジネスモデルと，「CASE」時代の
ビジネスモデルについて検討していきます。どちらもキーワードは「モジュー
ル化」です。

4-1　製造効率化のためのビジネスモデル（製造のモジュール化）

　自動車メーカーが収益を拡大するためには，製造プロセスの効率化が必須で
す。従来，自動車は車種ごとに異なる部品を製造していましたが，車種によっ
て部品を作り分けているとコストが高くなります。そのためドイツの自動車メー
カー・フォルクスワーゲンでは，部品を複数の車種に共通して使えるようにモ
ジュール化をしてコスト効率の向上を図りました。「モジュール」とは，規格化
された組み立てユニットという意味です。エンジンや，変速機をひとつのユニッ
トとして，小型車にも中型車にも使えるように共用化するビジネスモデルです。

図7-2　自動車業界のバリューチェーン（トヨタ自動車と関連会社）

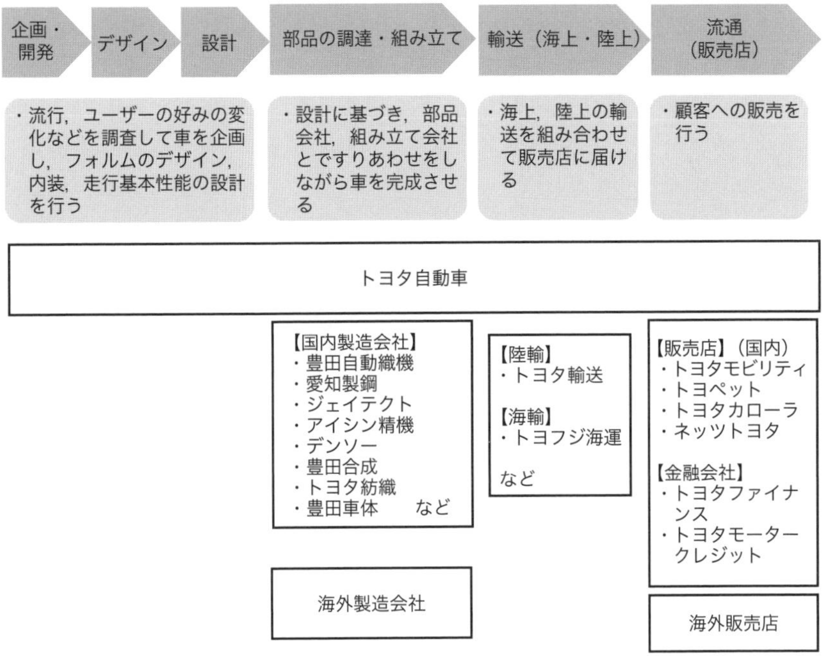

企画・開発	デザイン	設計	部品の調達・組み立て	輸送（海上・陸上）	流通（販売店）
・流行，ユーザーの好みの変化などを調査して車を企画し，フォルムのデザイン，内装，走行基本性能の設計を行う		・設計に基づき，部品会社，組み立て会社とですりあわせをしながら車を完成させる		・海上，陸上の輸送を組み合わせて販売店に届ける	・顧客への販売を行う

```
┌──────────────────────────────────────────────────────────────┐
│                        トヨタ自動車                            │
└──────────────────────────────────────────────────────────────┘
```

【国内製造会社】
・豊田自動織機
・愛知製鋼
・ジェイテクト
・アイシン精機
・デンソー
・豊田合成
・トヨタ紡織
・豊田車体　　　など

【陸輸】
・トヨタ輸送

【海輸】
・トヨフジ海運

など

【販売店】（国内）
・トヨタモビリティ
・トヨペット
・トヨタカローラ
・ネッツトヨタ

【金融会社】
・トヨタファイナンス
・トヨタモータークレジット

海外製造会社

海外販売店

［出所］トヨタ自動車HP[4]を元に筆者作成

　モジュール化は，自動車メーカーにとって，組み立てコストや在庫リスクを減らすメリットがあります。消費者には，比較的価格の安い小型車を購入しても，ランクが上の車と同じエンジンや部品が搭載されているので高品質な商品を安価で手に入れられます。

　日産は，1999年にフランスのルノーと，2010年にアメリカのダイムラーAGと資本提携をしました。この3社は，車の車体の基盤であるプラットフォームを共有することでコスト削減に成功しました。共同で電気自動車や小型車の開発をし，部品の共有を行うといった，互いの得意分野を分担して提携するモジュール化モデルです。

　日本の自動車メーカーは欧米に比べてモジュール化が遅れていましたが，2010年代以降，ハイブリット車などに導入をしています。

4-2 サービス多様化のためのビジネスモデル（サービスのモジュール化）

「CASE」の時代に必要とされるのが，サービスのモジュール化です。自動車本体がインターネットとつながることで，位置情報やヘルスケア，メディアといった多様なサービスのプラットフォームになるためです。今後，自動車は移動しながら様々なサービスに繋がる（Connected）物理媒体となりますから，多くの企業との提携が進み，様々なビジネスのハブになると考えられています（図7-3）。

トヨタ自動車は2018年にアメリカのラスベガスで開かれたCES（Consumer Electronics Show/コンシューマー・エレクトロニクス・ショー）で，自動運

図7-3 CASE時代に想定されるビジネスモデル

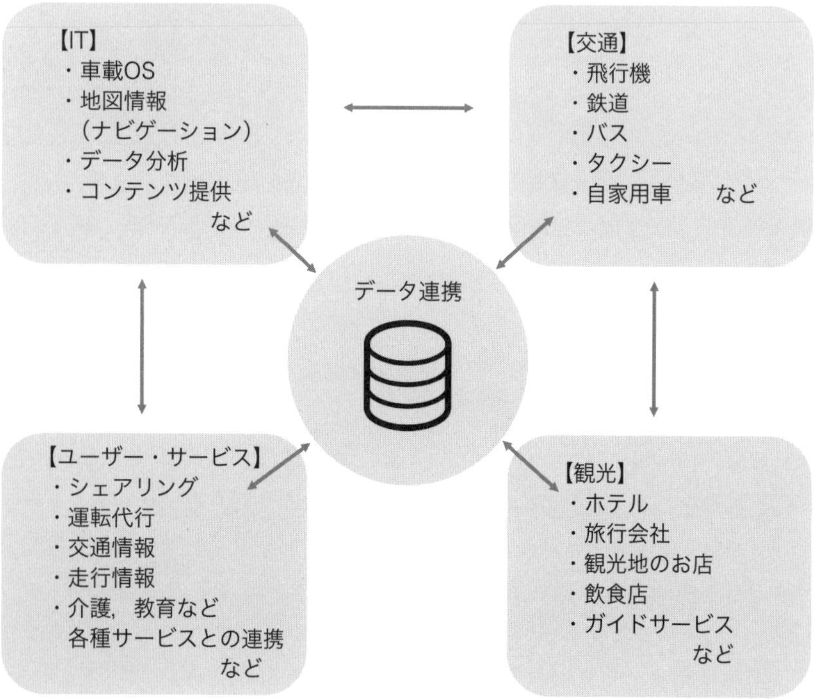

【IT】
・車載OS
・地図情報
　（ナビゲーション）
・データ分析
・コンテンツ提供
　　　　　など

【交通】
・飛行機
・鉄道
・バス
・タクシー
・自家用車　　など

データ連携

【ユーザー・サービス】
・シェアリング
・運転代行
・交通情報
・走行情報
・介護，教育など
　各種サービスとの連携
　　　　　など

【観光】
・ホテル
・旅行会社
・観光地のお店
・飲食店
・ガイドサービス
　　　　　など

［出所］筆者作成

転車を利用し多様なビジネスを実現する「e-Palett Concept（イー・パレット・コンセプト）」を発表しました。これは，自動運転の電気自動車を小売店やホテル，レンタルオフィスなどに活用する構想です。2020年には同じくCESで，「Woven City（ウーブン・シティ）」という，車だけではなく家や家電製品といった生活の中のあらゆるモノとサービスがインターネットを介してつながる都市構想を発表しました。すでに静岡県に70.8万平方メートルの土地を用意し，e-Palettが街に張り巡らされた道を自動で移動する都市計画を進めています。CASE時代のコネクテッド・シティのモデルとなる「Woven City」では，移動だけではなく，室内用ロボットや，屋内外に設置されたセンサーも使って，衣食住，健康管理や日常のコミュニティ形成などの新たなビジネスモデルが生み出されていくと考えられています。

5　稼ぐ力（財務分析）

　デジタル技術により様変わりしようとしている自動車業界ですが，収益獲得の核は車体の売り上げです。**図7-4**は，3社の収支と売上高営業利益率の比較です。

　3社の中ではトヨタが圧倒的な売上1位で，2019年度の実績は全世界合計で29兆9,299億円です。日本では若者を中心に車離れが進んでいると言われていますが，北米やアジア，今後はブラジルなどの南米も市場拡大が見込まれます。トヨタの2019年の自動車売上台数（世界）は899万7千台，ホンダは517万595台（総売上：14兆9,310億円），日産が493万台（総売上：9兆8,778億円）です。売上高営業利益率を見てもトヨタは8.2％と他社よりも高く，販売台数による規模の効果と，製造の効率化により高い収益性をあげていると言えます。

　図7-5は，世界の各地域別の売上金額です。北米が大きな市場ですが，今後，自動車需要がさらに高まる中国，アジア諸国や南米でいかに販売規模を増やしていけるかが収益拡大の鍵となります。

　海外市場での売上を拡大するためには，各国の排ガス規制に沿った車体開発や，街の構造，文化的嗜好に合わせた車のデザインが必要になります。例えば中国は，新たに製造・販売する自動車のうち，電気自動車（EV），やプラグイ

図7-4　自動車メーカー3社の営業収支実績比較（2019年度）

トヨタ	ホンダ	日産
売上高営業利益率　8.2%	売上高営業利益率　4.2%	売上高営業利益率　−0.4%

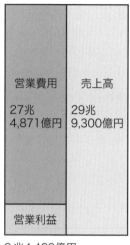

トヨタ
営業費用 27兆4,871億円　売上高 29兆9,300億円
営業利益 2兆4,429億円

ホンダ
営業費用 14兆2,974億円　売上高 14兆9,310億円
営業利益 6,336億円

日産
営業費用 9兆9,193億円　売上高 9兆8,789億円
営業利益 −404億円

［出所］トヨタ自動車株式会社，本田技研工業株式会社，日産自動車株式会社の「有価証券報告書」（2019
　　　年度通期）連結財務諸表を元に筆者作成

ンハイブリッド車（PHV）の割合を2025年には25％とすると発表しています
（NEV規制: New Energy Vehicle=新エネルギー車）。日本の自動車メーカー
にとって新エネルギー車の開発が海外市場拡大の鍵となります。また，道幅が
狭い国では小回りの効く小型車が求められるでしょうし，国の文化により好ま
れる色や型も大きく違います。現地の消費者のニーズや，流行を的確に捉える
マーケティング能力がグローバル市場では収益に大きく影響します。
　一方，日本国内の自動車の需要は年々減少しています。少子高齢化により若
者の人口が減っていることに加え，若い世代の自動車所有意欲が低下している
ことも指摘されています。

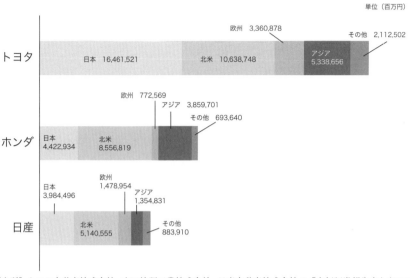

図7-5 自動車国内主要3社の地域別売上（2019年度）

単位（百万円）

[出所] トヨタ自動車株式会社，本田技研工業株式会社，日産自動車株式会社の「有価証券報告書」（2019
年度通期）を元に筆者作成

6 「機会」と「脅威」の分析

　「100年に一度の構造変化」と言われる自動車業界を取り巻く環境には，チャンス（機会）と脅威が混在しています。

　自動車がプラットフォーム化するのはチャンスですが，IT企業など今までライバルではなかった企業と戦うことになります。実際に，MaaSビジネスには，国内だとソフトバンクやDeNAといったIT企業がすでに投資を始めています。トヨタ，ホンダ，ソフトバンクの3社は自動運転や車のネット化を手がける会社に共同出資しました（モネ・テクノロジーズ，2018年）。アメリカでは，AppleやGoogleが，自動車に自社のOSを搭載してサービスを提供したり，データ集積を行う計画を発表し進めています。また，2003年に創業した電気自動車を本業とするテスラモーターズが，2021年1月に時価総額およそ86兆円を突破し，世界の自動車メーカーの1位となるなど，自動車業界の主要企業は様変わ

表7-3	自動車業界の「機会」と「脅威」

Opportunity（機会）	Threat（脅威）
・デジタル化による新たなサービス創造 ・IT企業をはじめとした他業種との提携 ・自動車製造を超えたスマートシティ，スマートホームへの技術導入 ・アジア，南米，アフリカ諸国での自動車市場の拡大	・人口減少による国内自家用車所有の減少 ・世界規模，各国での環境保護規制による製品への制約や製造コストの増加 ・新エネルギー車製造による高コスト ・原料の高騰による支出増加 ・特定のサプライヤーへの依存

［出所］トヨタ自動車株式会社，本田技研工業株式会社，日産自動車株式会社の「有価証券報告書」（2019
　　　　年度通期）を元に筆者作成

りしようとしています。

　また，中国のNEV規制だけではなく，イギリスでは2035年からガソリン・
ディーゼル車の販売が禁止されることが発表されました。新エネルギー車の製
造プロセスを開発しても，効率化による効果を出すまでに時間を要すると，コ
ストは大きくなります。また，新エネルギー車の原動力となるリチウム電池の
原料が高騰するといったリスクも今後は考えられます。

　表7-3で自動車業界の「機会」と「脅威」を確認してみましょう。

7　まとめ

　シェアリングサービスや自動運転が普及すると，今まで所有するものであっ
た自動車は共有するものとなり，個人消費者への販売台数は減少するとみられ
ています。自動車そのものがなくなることはありませんが，乗り物としての空
間や移動に費やしていた時間を「新たな価値提供に変化させる」ことが求めら
れます。今後は，自動車メーカーが1900年代初頭に創業して以来貫いてきた，
最先端技術の創造と生活の質の向上という事業の核を，いかに移動以外の
フィールドに広げていけるかに期待がかかります。技術開発だけではなく，
サービス開発やマーケティングの面でも，大きな挑戦のできる業界です。

▌注 ▌

1 『会社四季報　業界地図2021年版』(2020) 東洋経済新報社編, 東洋経済新報社

2 ジェームズ・P・ウォマック, ダニエル・T・ジョーンズ, ダニエル・ルース著, 沢田博 (訳)『リーン生産方式が, 世界の自動車産業をこう変える。―最強の日本車メーカーを欧米が追い越す日―』(1990), 経済界

3 本田技研工業HP
https://www.honda.co.jp/RandD/fandf/
(最終確認日：2020年11月23日)

4 トヨタ自動車HP
https://global.toyota/jp/company/profile/links/
(最終確認日：2020年11月27日)

ワークシート⓮【自動車メーカー】気になる１社を選び，SWOT
分析を行ってみよう

気になった企業をひとつ選び，「強み」と「弱み」を整理して，SWOT分析を完成させましょう。「機会」と「脅威」にも，本章でまとめている項目の他に，自分で資料を調査して書き加えてみましょう。

Part2 主要業界の企業分析

Strength（強み）	Weakness（弱み）
内部環境要因	

Opportunity（機会）	Threat（脅威）
外部環境要因	

第8章

金融業界（メガバンク）

　本章では，金融業界の中でもメガバンクと呼ばれる銀行，信託，証券といった複数の金融事業を統合している３社，三菱UFJフィナンシャル・グループ，三井住友フィナンシャルグループ，みずほフィナンシャルグループの分析をしていきます（※以下，メガバンク業界，フィナンシャルグループをFGと表記）。

　この３社は，1990年代のバブル経済崩壊後，不良債権整理のため複数の都市銀行や興業銀行，信託銀行を経営統合して事業と資本の拡大を行い，その後，リース会社，証券会社といった金融専門企業も吸収合併をして総合金融グループを形成しました。

　金融業界の基本事業は顧客から資金を預かり，融資を必要とする企業や公共法人に貸し出して金利を得たり，株式や債券に投資をして資金運用を行うことです。ところが近年，国の経済状況を反映して金利が下がり続けているため，金利収入以外の収益獲得が重要になっています。

1　メガバンク業界のポイント

　大手３社の純利益ランキングは，2019年に初めて首位が交代しました（**図8-1**）。2000年以来長らく首位だった三菱UFJFGは，保有する外国子会社の株価下落で減益となり，２位だった三井住友FGがデジタル化や店舗削減による堅実な効率化で首位となりました。

　今後は，店舗経営の刷新や電子マネー普及への対応，フィンテックをはじめ

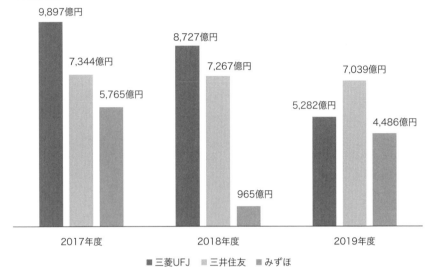

図8-1　金融業界主要3社の連結経常利益推移（2017年度〜2019年度）

9,897億円

8,727億円

7,344億円

7,267億円

7,039億円

5,765億円

5,282億円

4,486億円

965億円

2017年度　　　　　　2018年度　　　　　　2019年度

■ 三菱UFJ　■ 三井住友　■ みずほ

［注］金額は連結会計の親会社株主に帰属する当期純利益
［出所］三菱UFJFG，三井住友FG，みずほFGの「有価証券報告書」（2019年度通期）を元に筆者作成

としたDX（デジタルトランスフォーメーション）が急務と言われ，大きな変化がある業界だと言えます。

2　歴史分析：会社の理念や資源を知る

　メガバンク3社は2000年代初頭から，複合的な金融サービスを行ってきました。この20年間は経営統合と事業多角化の歴史だと言えます（**表8-1**）。
　民間の銀行は顧客から預金や投資信託でお金を預かり，その資金を国の中央銀行に預けたり，企業への融資に充当しています。日本の中央銀行は，日本銀行です。これらの利子を，顧客の普通預金や定期預金に対して還元するのですが，2000年代以降，日本では中央銀行の長期的な金利の下落・停滞が続いています。1999年に，日本銀行が短期金利の指標を0％近くまで緩和した「ゼロ金利政策」，さらに2016年には民間銀行が日銀の当座預金にある準備金のうち，法律で決められた割合を超えた金額に対して0％以下の金利を設定する「マイ

表8-1　メガバンク3社の歴史年表（2000年以降の流れを一部抜粋）

三菱UFJ フィナン シャル・ グループ		《銀行事業》
	2000年4月	・東京三菱銀行，三菱信託銀行，日本信託銀行が経営統合に基本合意
	2000年7月	・三和銀行，東海銀行，東洋信託銀行が経営統合に基本合意
	2001年4月	・東京三菱銀行，三菱信託銀行，日本信託銀行が，三菱東京フィナン シャル・グループを設立
	2001年7月	・東洋信託銀行が東海信託銀行を合併
	2002年1月	・三和銀行と東海銀行が合併し，UFJ銀行に商号変更
		《証券事業》
	2002年9月	・東京三菱証券，東京三菱パーソナル証券，国際証券，一成証券が合併 して三菱証券に商号変更
		《カード決済事業》
	2005年10月	・UFJニコスを連結子会社化
		《消費者ローン事業》
	2008年12月	・アコム株式会社を連結子会社化
三井住友 フィナン シャルグ ループ	2002年7月	・三井住友銀行が持ち株会社を設立し，この会社を核としてグループ経 営改革を行うことを決定
	2002年11月	・三井住友カード，三井住友銀リース，日本総合研究所を完全子会社化
		《銀行事業》
		・三井住友銀行とわかしお銀行が合併
	2003年3月	《証券事業》
		・SMBCフレンド証券を完全子会社化
	2006年9月	・日興コーディアル証券を完全子会社化
	2009年10月	《リース事業》
		・三井住友銀リースと住商リースが合併し，三井住友ファイナンス& リースが発足
	2007年10月	《消費者ローン》
		・プロミス株式会社を完全子会社化
	2012年4月	
みずほフィ ナンシャル グループ	2003年1月	・みずほホールディングスの出資により，みずほFGを設立
	2003年4月	・みずほFGがみずほホールディングス，みずほ信託銀行を直接子会社化
		《金融サービスの経営統合》
	2003年4月	・クレジットカード会社，資産運用会社，システム関連会社などを直接 子会社または関連会社化
	2003年5月	・みずほ銀行，みずほコーポレート銀行，みずほ信託銀行の直接子会社 として，再生専門子会社4社（みずほプロジェクト，みずほコーポ レート，みずほグローバル，みずほアセット）を設立
		《資金運用事業》
	2007年7月	・第一勧業アセットマネジメント株式会社と富士投信投資顧問株式会社 を吸収合併し，商号をみずほ投信投資顧問株式会社に変更
		《証券事業》
	2009年5月	・新光証券がみずほ証券を吸収合併し，商号をみずほ証券に変更
	2013年1月	・みずほ証券がみずほインベスターズ証券を吸収合併
		《銀行事業》
	2013年7月	・みずほコーポレート銀行がみずほ銀行を吸収合併し，商号をみずほ銀 行に変更

［出所］三菱UFJFG，三井住友FG，みずほFGの「有価証券報告書」（2019年度通期）を元に筆者作成

ナス金利政策」が実施されました。金利の高い時代は，民間銀行から中央銀行に資金を預けているだけでも顧客に十分な利子を配当することができました。しかし低金利時代になってから，メガバンクはローンや投資信託などサービスの種類を広げて，手数料なども収益の源泉としてきました。

> 🔑 KEYWORD 「準備預金制度」
>
> 準備預金制度とは，民間の銀行などが，顧客による預金引き出しを見越して，預金の一定割合を中央銀行（日本では日本銀行）に預ける制度です。「準備預金制度に関する法律」により，金融機関が保有している金額の一定割合が準備率として決められています。

　表8-2にまとめたように，メガバンクの資源はもちろん収益源泉となる金融資本や，全国を網羅する支店ネットワーク等ですが，顧客（企業・個人）の資産を預かることから，法令遵守（コンプライアンス）の徹底を基本とする「信頼性」，その信頼性に基づく「ブランド」も，重要な無形資源です。また，個人の顧客が日常的にATMで預金を引き出したり，デビットカードで買い物の支払いをする際のネットワークシステムを，銀行各社は独自に開発・運用しています。安全な金融サービスを提供するICT技術も大きな資源です。2000年代に入り，インバウンド観光客が増えましたが，外貨をATMで両替できることや，海外のキャッシュカード，クレジットカードとのネットワーク連携も，こうしたシステムが叶えています。

　お金や決済は，私たちの生活に欠かせません。こうした身近で便利なサービスひとつひとつを，金融機関の保有する無形資産が支えていると言えるでしょう。

表8-2	メガバンクの資源		
資源	具体的内容	メガバンクの場合
有形資産	不動産，設備・機械，原材料など	土地，建物（店舗），機械（ATMも含む）
無形資産	会社の評判，ブランドネーム，文化，技術的知識，特許や商標	金融資本，信頼性，知名度，ブランド，システム（店舗やATMを結ぶネットワークシステムなど）
組織の能力	人材，事業を行うプロセスの複雑な組み合わせ方	国内外の多様な金融サービス事業の連携，リスク管理能力，専門知識を持った優秀な人材

［出所］コリス他（2004）p.45を元に筆者作成

3 組織の分析：仕事を知る

　金融サービスにとって最も重要な価値についてメガバンク3社は，有価証券報告書や自社HPの中で，「信頼」だと述べています。

　図8-2はみずほFGの組織図を簡略化したものです。メガバンク3社は，2000年代の金融事業の吸収合併により，「国内銀行」「信託」「証券」「クレジットカード」「ローン」「グローバル金融」「コンサルティング」等の事業を複合し，それぞれの業務別の部署から構成されています。

　組織図の中で，銀行の信頼を守るために重要な部門2つに注目をしてみましょう。

　ひとつ目は「リスク管理」です。金融業界は様々なリスクに取り巻かれています。政治経済の動向によって為替や株価が変動し，資金が減少する「市場リスク」，資金調達と運用がうまく合致せずに通常よりも高い金利などで資金を調達することで生じる「資金繰りリスク」，株式や債券を発行している国や企業が財政難や経済不振に陥り，あらかじめ約束された利息や元本を支払うことができなくなる「信用リスク」など，資金減少の要因は多数あります。こうしたリスクを避けるために専門の調査に基づき分析をする部署を設置して，預かったお金を守っています。

　もうひとつは「コンプライアンス（法令遵守）」です。証券取引において不

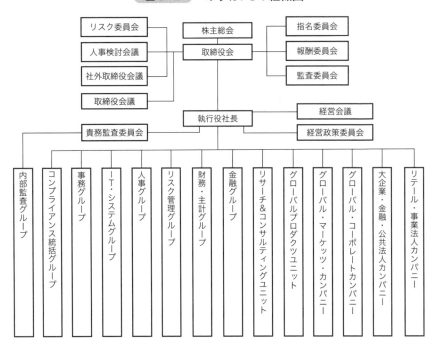

図8-2　みずほFGの組織図

- リスク委員会
- 人事検討会議
- 社外取締役会議
- 取締役会議
- 株主総会
- 取締役会
- 指名委員会
- 報酬委員会
- 監査委員会
- 執行役社長
- 経営会議
- 責務監査委員会
- 経営政策委員会

- 内部監査グループ
- コンプライアンス統括グループ
- 事務グループ
- IT・システムグループ
- 人事グループ
- リスク管理グループ
- 財務・主計グループ
- 金融グループ
- リサーチ＆コンサルティングユニット
- グローバルプロダクツユニット
- グローバル・マーケッツ・カンパニー
- グローバル・コーポレートカンパニー
- 大企業・金融・公共法人カンパニー
- リテール・事業法人カンパニー

［出所］みずほFG「有価証券報告書」（2019年度通期）を元に筆者作成

公平になる情報を特定の企業や個人が利益を享受するよう操作したり，反社会勢力への融資など法律で禁じられている行為があれば，銀行の信用は失墜します。コンプライアンスは現在どの業界でも重要視されていますが，金融資産を扱う業界だからこそ厳しく管理していくことが求められます。リスク管理とコンプライアンスについては３社とも独立した部署のほか，取締役会と連携した委員会も設置されています。

4　ビジネスモデル

　金融業界の主な収益源泉は，（1）顧客から預かった資金を中央銀行に預けたり，運用して金利を得る「預金」による収益，（2）資金を企業などに貸し

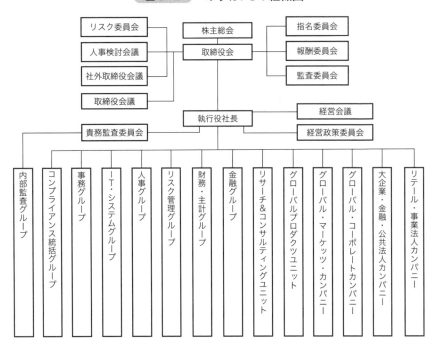

図8-2　みずほFGの組織図

［出所］みずほFG「有価証券報告書」（2019年度通期）を元に筆者作成

公平になる情報を特定の企業や個人が利益を享受するよう操作したり，反社会勢力への融資など法律で禁じられている行為があれば，銀行の信用は失墜します。コンプライアンスは現在どの業界でも重要視されていますが，金融資産を扱う業界だからこそ厳しく管理していくことが求められます。リスク管理とコンプライアンスについては３社とも独立した部署のほか，取締役会と連携した委員会も設置されています。

4　ビジネスモデル

　金融業界の主な収益源泉は，（1）顧客から預かった資金を中央銀行に預けたり，運用して金利を得る「預金」による収益，（2）資金を企業などに貸し

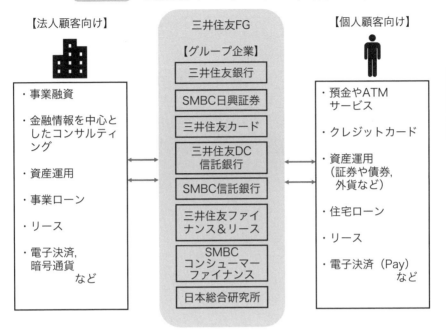

図8-3　金融業界のビジネスモデル（三井住友FG）

【法人顧客向け】

・事業融資

・金融情報を中心と
　したコンサルティ
　ング

・資産運用

・事業ローン

・リース

・電子決済,
　暗号通貨
　　　　　　　など

三井住友FG

【グループ企業】

三井住友銀行

SMBC日興証券

三井住友カード

三井住友DC
信託銀行

SMBC信託銀行

三井住友ファイ
ナンス＆リース

SMBC
コンシューマー
ファイナンス

日本総合研究所

【個人顧客向け】

・預金やATM
　サービス

・クレジットカード

・資産運用
　（証券や債券,
　外貨など）

・住宅ローン

・リース

・電子決済（Pay）
　　　　　　　など

[出所] 三井住友FG（2019）『SMBCグループの経営戦略』を元に筆者作成
[資料出典] 三井住友FG HP[1]

て金利を得る「融資」による収益，（3）住宅や教育ローン，為替（送金），振
込，株式・債券投資，ATM利用などの「手数料」による収益です（**図8-3**）。
　銀行の店舗に行くと，住宅ローンや外貨預金のキャンペーンの広告を目にす
ることがありますが，中央銀行が低金利政策を続けている近年は，金利だけで
はなく，様々な金融サービスを顧客に提供して得る手数料収入が安定した収益
となります。
　学生の皆さんもよく利用するATMは，時間外や土日，他行（コンビニエン
スストア）を利用すると手数料がかかります。これはメインバンクから利用し
た他行にお金を「送金」する手数料です。
　顧客から手数料を得るためのサービスとして，投資商品や生命保険商品の販
売も手がける銀行では，世界経済の動向分析や，資産運用の専門知識を持った

社員が，顧客にアドバイスを提供します。こうしたサービス業務も，手数料収入を支えるメガバンクの大きな提供価値です。

　法人取引では，企業間の取引による送金や，毎月社員に給与を振り込む手数料も大きな収入になります。

　今後は，キャッシュレス決済やフィンテック，他行・他業界とのATM共同利用などのデジタル化によるビジネスモデルの考案が収益拡大の鍵となります。

　2020年，三井住友銀行は経営の効率化のためにATMの削減と，他行（コンビニを含む）のATM手数料変更を発表しました。銀行は2000年代に経営統合を行って以降，日本全国にある店舗を統合し効率化を重ねてきましたが，今後はカードやスマートフォン決済により現金利用が減ることを見越してATM店舗も減らす傾向にあります。その際，手数料収入を他行と提携して得るためにはデータの共有が重要になります。

　ATMでのデータ取引だけではなく，為替や決済など「フィンテック」と呼ばれるサービスにはテクノロジー系のベンチャー企業がすでに多数参入しています。メガバンクには，総合金融サービスのノウハウを生かして，今後どのように差別化されたサービスを生み出せるかが求められています。

🔑 KEYWORD 「フィンテック」

　フィンテックとは「Finance（ファイナンス）」と「Technology（テクノロジー）」を合わせた言葉です[2]。ICT技術を使った金融サービスの総称で，例えば「LINE Pay」や「Pay Pay」などのスマートフォンで手軽に決済ができるサービスや，クラウドファンディングもフィンテックのサービスに含まれます。また，ビットコインも注目されています。ビットコインとは，国が定めた通貨ではなくインターネットを介してデータのみで取引される通貨です。実際にお札や硬貨はありませんから，「暗号資産」と呼ばれます。ビットコインは国や金融機関が管理をしません。インターネットサイト上での専門取引所で購入をして，ピアー・トゥー・ピア（P2P）と呼ばれる個人間で取引をします[3]。ネット上で取引をするだけではなく，現金に換金するための変動為替相場も存在するのが特徴です。ですから為替と同じように，ビットコインの価値が上がると購入した時よりも資産が増える仕組みです。

5　稼ぐ力（財務分析）

　メガバンクの資産や売上は莫大です。**図8-4**では，メガバンク主要3社の経常収益，経常費用，経常利益率をまとめています。経常利益は，営業利益に営業外収入を加え，営業外費用を引き算した金額です。営業利益が本業で儲ける力だとすると，経常利益は会社全体の稼ぐ力と言えます。

　三菱UFJFGは，2019年度の純利益では三井住友FGに1位の座を奪われましたが，収益自体は主要3社の中でトップです。三菱UFJFGは，早期から米ユニオンバンクやモルガン・スタンレー証券など海外の銀行や証券会社を傘下に持ったことで，事業のグローバル化を行ってきたことが収益を支えています。

　純利益で三菱UFJFGを越してトップになった三井住友FGは，ATMの廃止や支店の統廃合など効率化を順調に進めてコストカットに成功したのは先に述べた通りです。

図8-4　メガバンク3社の経常収入・費用と経常利益の比較（2019年度）

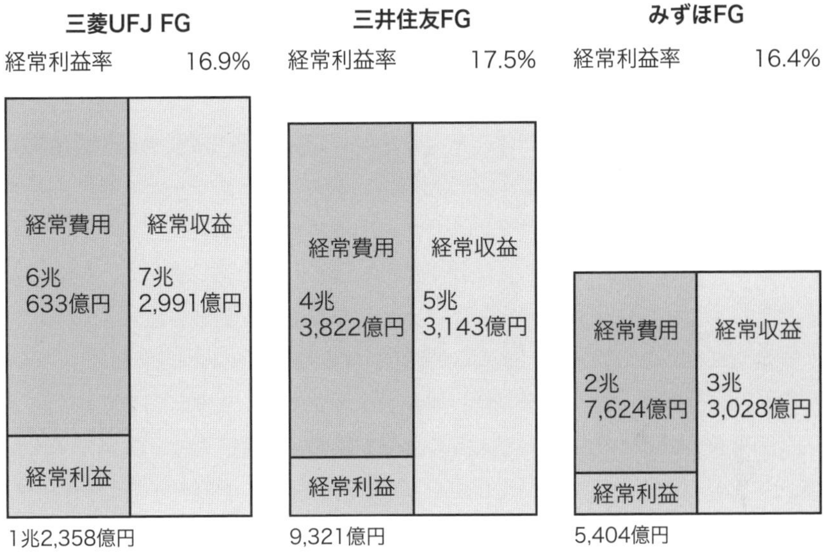

三菱UFJ FG	三井住友FG	みずほFG
経常利益率　16.9%	経常利益率　17.5%	経常利益率　16.4%

三菱UFJ FG
経常費用 6兆633億円／経常収益 7兆2,991億円
経常利益 1兆2,358億円

三井住友FG
経常費用 4兆3,822億円／経常収益 5兆3,143億円
経常利益 9,321億円

みずほFG
経常費用 2兆7,624億円／経常収益 3兆3,028億円
経常利益 5,404億円

［出所］三菱UFJFG，三井住友FG，みずほFGの「有価証券報告書」（2019年度通期）を元に筆者作成

表8-3	メガバンク3社の自己資本比率比較			
企業名	資産合計	負債合計	純資産合計	自己資本比率
三菱UFJFG	336兆5,714億円	319兆7,156億円	16兆8,577億円	5.0%
三井住友FG	219兆8,635億円	209兆786億円	10兆7,849億円	4.9%
みずほFG	214兆6,590億円	205兆9,952億円	8兆6,338億円	4.0%

［出所］三菱UFJFG，三井住友FG，みずほFGの「有価証券報告書」（2019年度通期）連結財務諸表を元に筆者作成（小数点1桁以下切り捨て）

　みずほFGは，2019年にLINEと共同で「LINE Bank」を設立したのをはじめとし，デジタル金融分野への投資を増やしています。LINE Bankは2020年10月にタイでサービスを始め，これから海外と日本国内で展開予定ですので，みずほFGのデジタル戦略による収益獲得には注目すべきでしょう。

　自己資本比率について，メガバンクは製造業などの事業会社とは異なる点があるため触れておきます。自己資本比率は40%以上であれば安定している企業と言えると先に書きましたが，メガバンクのように保有する資本を他社や個人の金融資産に依存する場合は低くなります。そこで国内の銀行は，自己資本比率を4%以上にするよう定められています（**表8-3**）。

6　SWOT分析

　ここまで分析してきたように，長引く景気停滞と関連する低金利で金融業界には厳しい状況が続いています。一方で，デジタル化とグローバル化という2つの社会変化は，総合金融サービス企業にとって大きなチャンスです。財務分析で確認したように，3社とも「強み」と「弱み」には違いがあり，独自の強みを正しく認識し，どう最大化していくかが重要です（**表8-4**）。

　表8-5にまとめたように，金融業界における脅威は政治・経済はもちろん，環境，人口変動など全方位的です。融資を通じて多様な企業と関係を結びますから，企業の業績悪化によって自社の与信費用負担が増えたり，返済リスクが高まります。また，グローバル化が不可欠な時代には，提携国の政治や経済状況が自社の経営状態に大きな影響を及ぼします。日本が直面する少子高齢化，世界的に取り組みが必要な気候変動リスクも経営に関わります。気候変動に伴

表8-4　金融業界で検討すべき「強み」と「弱み」の項目

Strongness（強み）	Weakness（弱み）
・総合的なサービス力は十分か？ ・それぞれのサービスを支える専門的な情報，人材の確保は十分か？ ・デジタル化の備えは十分か？ ・国内，海外のM&A戦略は的確か？	・他社と比較した際に足りないサービスは何か？ ・デジタル化への備えは十分か？ ・過剰な店舗，サービスは？ ・顧客データや金融データの流出リスク対策は十分か？

表8-5　金融業界の「機会」と「脅威」

Opportunity（機会）	Threat（脅威）
【社会変化を受けた機会】 ・グローバル化による海外金融市場への事業拡大 【デジタル化による新たな機会】 ・AI，IoTなどのイノベーションによる新たなサービス開発と収益拡大 ・ID連携による顧客の囲い込みと個別サービスの充実	・人口減少による預金金額の減少 ・システム障害によるサービス停止 ・個人情報の流出，データ流出による行政処分リスク ・不正アクセスによる資本流出 ・法制度改正による事業縮小リスク ・コンプライアンス違反による行政処分，事業廃業リスク ・デジタル化による異業種の金融事業参入

［出所］三菱UFJFG，三井住友FG，みずほFGの「有価証券報告書」（2019年度3月期）を元に筆者作成

う影響としては，二酸化炭素を排出する事業を行う企業が融資先や投資先だった場合，今後その企業の価値が下落した場合に，金融企業の資産が目減りするという脅威があります。

　デジタル化による脅威も深刻です。2018年に，日本の仮想通貨取引会社「コインチェック」が管理する顧客資産が不正アクセスによって別の口座に送金され，ほぼ全てが流出する事件が起きました。コインチェック社が顧客に保証すると発表した総額は，およそ460億円超でした。新たな市場を創るデジタルビジネスは，今までにない脅威と背中合わせだとも言えます。

POINT 「2020年のメガバンクの状況」

　2020年度の新型コロナウィルス感染拡大はメガバンクの経営にも大きな影響を及ぼしました。資金を貸している企業の経営状況が悪化したり，倒産リスクが高まることで自身も貸し倒れ（貸した資金の回収ができない）のリスクが高まります。そのため，2020年度は融資先の業績悪化に備えた与信費用（企業に対する資金融資費用）が３社とも増額となりました。また世界的な経済の落ち込みにより，外国企業の価値低下も資本を減らす要因となりました。

7　まとめ

　金融業界は国内・海外のあらゆる産業に資金を融資し，経済活動に貢献しています。その点において，特定の産業が政治・経済的な変動で業績悪化をしても，別の産業が高収益を上げていれば資金のバランスが取れると言えますが，2008年のリーマンショックや，2020年の新型コロナウィルス感染拡大のような世界規模での経済停滞が起こると業績不振の規模は莫大になります。

　2000年代の金融業界のキーワードは，総合的サービスによる多様な収益源泉の獲得と，グローバル化でした。今後は，デジタル化を取り込みいかに新しいビジネスモデルを創り上げられるかが，業界の成長を左右すると言えます。

┃ 注 ┃

1　三井住友FGHP
https://www.smfg.co.jp/investor/kojin/pdf/material_201910.pdf
（最終確認日：2020年12月３日）
2　日本銀行HP「公表資料・広報活動」
https://www.boj.or.jp/announcements/education/oshiete/kess/i25.htm/（最終確認日：2020年11月３日）
3　coindesk JAPAN HP「仮想通貨/暗号資産とは何か？初心者にもわかりやすく解説」
https://www.coindeskjapan.com/keywords/cryptocurrency/（最終確認日：2020年11月３日）

📖✍ ワークシート⑮【メガバンク】気になる１社を選び，SWOT分析
を行ってみよう

　気になった企業をひとつ選び，「強み」と「弱み」を整理して，SWOT分析を完成
させましょう。「機会」と「脅威」にも，本章でまとめている項目の他に，自分で資
料を調査して書き加えてみましょう。

📖✍【ワークシート】企業のSWOT分析

内部環境要因	Strength（強み）	Weakness（弱み）
	Opportunity（機会）	Threat（脅威）
外部環境要因		

第8章

金融業界（メガバンク）

101

第9章

情報通信業界（携帯キャリア）

　本章では，情報通信事業の中でも，スマートフォン等の移動通信を本業とする携帯キャリア業界の国内大手3社，NTTドコモ，KDDI（au），ソフトバンクの分析をしていきます（※以降は，携帯キャリア業界と表記）。

　私たちの生活に欠かせない高速インターネット通信やスマートフォンは，2000年代初頭から急速に普及が進みました。携帯キャリア事業を行う企業はもともと，固定電話サービスを手がけていた企業からの専業化（NTTドコモ，KDDI）や，異業種のPCソフトウェア事業から通信に参入した企業（ソフトバンク）とでバックグラウンドが異なりますが，1985年に国が定めた「電気通信事業法」に基づいて生まれた比較的若い産業です。

1　携帯キャリア業界のポイント

　携帯キャリア業界には，大きく3つの事業があります。

　ひとつ目は，インターネットやスマートフォンを使ってユーザーが通信を行うための「通信事業」です。2020年より本格的に実用化が始まった5Gサービスに代表される携帯電話や，自宅や街で利用するWi-Fiなどのブロードバンドサービス，さらにそうした伝送サービスを支える通信基盤施設の設置や整備などを事業とします。

　2つ目は，通信インフラを使った「ライフスタイル事業」です。NTTドコモ，KDDI，ソフトバンクともに，動画配信や音楽サービス，電子決済といったPC

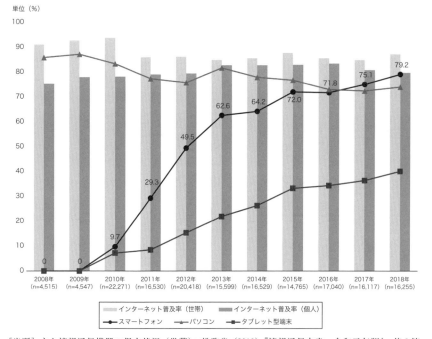

図9-1 インターネット（世帯・個人）と通信機器（世帯）の普及率推移
（2008年～2018年）

単位（％）

凡例:
- インターネット普及率（世帯）
- インターネット普及率（個人）
- スマートフォン
- パソコン
- タブレット型端末

データラベル: 9.7　29.3　49.5　62.6　64.2　72.0　71.8　75.1　79.2

横軸: 2008年(n=4,515)　2009年(n=4,547)　2010年(n=22,271)　2011年(n=16,530)　2012年(n=20,418)　2013年(n=15,599)　2014年(n=16,529)　2015年(n=14,765)　2016年(n=17,040)　2017年(n=16,117)　2018年(n=16,255)

［出所］主な情報通信機器の保有状況（世帯）：総務省（2019）『情報通信白書　令和元年版』，第2節
「ICTサービスの利用動向」（出典）総務省「通信利用動向調査」（https://www.soumu.go.jp/
johotsusintokei/whitepaper/ja/r01/html/nd232110.html）（最終確認日：2020年12月5日）
インターネットの普及率（世帯）：総務省（2020）『通信利用動向調査』（https://www.soumu.
go.jp/johotsusintokei/statistics/statistics05.html）（最終確認日：2020年12月5日）
以上を元に筆者作成

やスマートフォンで利用できるアプリの開発・運営をしています。

　3つ目は，企業をクライアントとしたAI，IoT技術による事業のデジタル化
支援です。

　デジタル化が加速する中で，これら3つの主事業で新しいビジネスがどんど
ん生み出されると言われています。一方で，国による通信ビジネスの競争力強
化のため，インターネットやスマートフォン事業には，楽天，LINEといった
異業種からも続々参入しており，従来にはなかった市場競争が始まっています。

第9章　情報通信業界（携帯キャリア）

103

2 歴史分析：会社の理念や資源を知る

　前節で，携帯キャリア企業は1985年の「電気通信事業法」を基にして生まれ，成長してきたと述べました。この業界は通信技術を通じて，社会と人の生活を豊かにし，課題解決を行うことをミッションとしています。1990年以降の歴史を整理すると，国内の通信環境整備，グローバル化，通信を基盤としたサービス化と事業発展をしてきたことが分かります（**表9-1**）。

　NTTドコモとKDDIは，固定電話事業を基盤とした会社から，インターネットと移動通信に専門化をして設立されましたが，ソフトバンクは元々，異業種からの通信事業参入です。3社とも，携帯電話やスマートフォンの普及に合わせて全国に通信基地網を増やして資源を蓄積してきました。通信基地網は歴史，つまり時間によって築かれる資源で，他の企業が後から通信事業に参入したいと考えた際にすぐ同じ規模の資源を手に入れるのは困難なため，非常に参入障壁が高い業界だと言えます。総務省は携帯キャリア業界の競争を活性化しようと，これまでいくつかの施策を行っていますが，なかなか難しい状況が続いてきました。2004年に新たな電波周波数を作り新規事業者を認可した際には，3つの会社（イー・モバイル，BBモバイル，アイピーモバイル）が免許を取得しましたが，資金調達の難しさなどから，新規参入ができたのはイー・モバイルだけでした[1]。2007年には「モバイルビジネス活性化プラン」が総務省によって策定され，自社で通信基地を持っていなくとも，設備を借りて通信サービスのみを行うMVNO（※KEYWORD参照）事業が認可されたことから，UQ mobileやY! mobile，LINEモバイルといった新規参入事業者が増え，現在では100社以上あると言われています。また，2020年3月には楽天モバイルが自社回線を使った通信事業に参入し，ドコモ，au，ソフトバンクの寡占市場に加わりました。20年以上，3社が実質上の寡占状態だった携帯キャリア事業は，異業種からの競合の増加で，これまで蓄積した自社資源からの新たなサービス開発の点でさらなる充実を追求する時代に入ったと言えます。

　表9-2にまとめたように，携帯キャリア企業の最も大きな資源は通信設備や機械ですが，電波の伝送サービス以外に，動画配信や音楽配信といったコン

表9-1 携帯キャリア主要3社の歴史年表（1985年以降の流れを一部抜粋）

NTTドコモ	1991年8月	・日本電信電話株式会社の出資によりエヌ・ティ・ティ移動通信企画株式会社を設立（1992年にエヌ・ティ・ティ移動通信網に商号変更）
	1991年11月	・各地域移動通信企画株式会社を設立（各地域とは，北海道，東北，東海，北陸，関西，中国，四国，九州の「地域企画会社8社」）
	1993年4月	・地域企画会社8社が，各地域移動通信網株式会社（地域ドコモ8社）へ商号変更
	1993年10月	・エヌ・ティ・ティ中央移動通信株式会社を合併
	2000年4月	・エヌ・ティ・ティ・ドコモへ商号変更（地域ドコモ8社も，同じ商号に変更）
	2013年10月	・NTTドコモへ商号変更
KDDI	1985年6月	・第二電電として，第一種電気通信事業の許可を郵政省（現総務省）から受ける
	1987年6月〜1991年6月	・地域通信会社として，関西セルラーを皮切りに，九州，中国，東北，北陸，北海道，四国，沖縄に子会社を設立
	1994年7月	・DDIポケット企画（PHS事業会社・後にソフトバンク傘下に）を子会社として設立
	1999年3月	・DDIネットワークシステムズ（情報システムの設計事業）を子会社として設立
	2000年1月	・DDI東京ポケットと他ポケット電話会社を合併し，DDIポケットに商号変更
	2001年1月	・KDDコミュニケーションズとDDIネットワークシステムズを合併し，KCOMに商号変更
	2001年4月	・KDDIに商号を改める
	2007年7月	・ジャパンケーブルネットホールディングスとジャパンケーブルネットを子会社化
	2013年4月	・ジュピターテレコムを子会社化
	2017年1月	・ビッグローブを子会社化
	2019年4月	・じぶん銀行（現・auじぶん銀行）設立
ソフトバンク	1981年	・パソコン用パッケージソフトの流通を行う日本ソフトバンクを設立
	1994年	・米国のインターネット関連企業に関する情報収集などを行う米国法人　SoftBank Holdings Inc.設立
	1996年	・米国Yahoo! Inc.との共同出資でヤフー（現・Zホールディングス）を設立
	2001年	・「Yahoo! BB」を開始し，ブロードバンドサービスに参入
	2004年	・日本テレコムを買収して固定通信事業へ参入
	2005年5月	・プロ野球球団（現・福岡ソフトバンクホークス）を買収
	2006年	・ボーダフォンを買収。「ソフトバンク」ブランドの移動通信サービスをスタート
	2008年	・iPhone発売（日本初）
	2013年	・アメリカの通信事業会社，スプリントを買収
	2015年	・ソフトバンクグループに商号変更
	2016年	・半導体設計大手のイギリス・アーム社を買収

［出所］株式会社NTTドコモ，KDDI株式会社の「有価証券報告書」（2020年3月期），Zホールディングス株式会社のソフトバンクグループ「2020年度　第1四半期決算データシート」を元に筆者作成

表9-2　携帯キャリア企業の資源

資源	具体的内容	携帯キャリア企業の場合
有形資産	不動産，設備・機械，原材料など	通信設備，空中設備（通信電線など），土地，建物，携帯ショップ店舗など
無形資産	会社の評判，ブランドネーム，文化，技術的知識，特許や商標	知名度，ブランド，信頼性，ソフトウェア，システム特許，顧客データ・トラフィックデータ　など
組織の能力	人材，事業を行うプロセスの複雑な組み合わせ方	豊富な料金プランを作り提供する能力，通信・ライフサービス等，多様なビジネスを行う能力を持った人材

［出所］コリス・他（2004）p.45を元に筆者作成

テンツサービス，法人向けのコンサルティングサービスなど複数の事業を持つため，多様な経験と能力を持った人材もまた重要な資源になります。

　NTTドコモの理念は「新しいコミュニケーション文化の世界を創造する」，ソフトバンクグループの理念は「情報革命で人々を幸せに」です。21世紀は，インターネットによりECをはじめとするプラットフォーム・ビジネスが続々と誕生し，情報とコミュニケーションによる産業変化がもたらされました。スマートフォンを基盤としたサービスは増え続けています。今後，5GやAI，その先の通信技術で，私たちの暮らしをさらに進化させていく業界だと言えます。

🔑 KEYWORD　「MNOとMVNO」

　「MNO：Mobile Network Operator」とは，自社で通信回線を持つ事業者のことです。日本では，NTTドコモ，au，ソフトバンク，楽天モバイルの4社です。「MVNO：Mobile Virtual Network Operator（仮想移動体通信業者）」とは，自社で回線を持たずに，MNO企業の回線を借りて，移動通信サービスを提供する会社です。格安SIMを提供している会社がMVNOです（図9-2）。「UQmobile」はau回線を，「LINEモバイル」は，ドコモとソフトバンクの回線を借り受けています。低価格サービスが売り物のMVNO事業者は，MNO事業者のライバルですが，一方で，回線を借りて使用料を支払っているため，MVNO事業者が増えるとMNOの会社は収益が増える仕組みです。通信基地と回線設備は莫大な投資が必要ですが，資源として保有ができれば収益源泉となることが分かります。

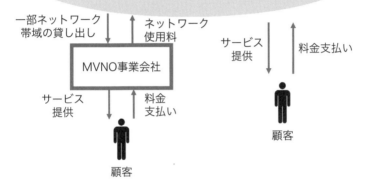

図9-2　MNOとMVNO（日本国内）

MVNO事業会社
（NTTドコモ，KDDI，ソフトバンク）

通信ネットワーク（通信基地，電波網）

一部ネットワーク
帯域の貸し出し　　ネットワーク
使用料

MVNO事業会社

サービス　　サービス
提供　　提供

料金
支払い

顧客

サービス　　料金支払い
提供

顧客

［出所］筆者作成

3　組織の分析：仕事を知る

　携帯キャリア企業のサービスは大きく，「個人向け通信事業」「法人向け通信事業」「ライフサービス事業」「国際ビジネス事業」から成ります。KDDIは，ジュピターテレコムなどのケーブルテレビ事業を，ソフトバンクグループは，プロ野球球団を保有してスポーツ事業も行っています。

　図9-3はNTTドコモの組織図を簡略化したものです。日々新たな技術革新が行われる携帯キャリア業界では，上記のサービスを支えるための研究開発事業が組織として独立しています。

　電波の送信を管理する「ネットワーク本部」では，無線通信基地局の管理や，電波の品質管理を行っています。ひとりひとりの顧客，大規模なオフィスで24時間トラブルなく通信ができる「当たり前」を実現するには膨大なデータ管理，

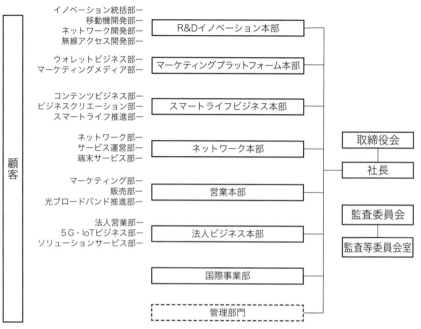

図9-3　NTTドコモの組織図

- イノベーション統括部—
- 移動機開発部—
- ネットワーク開発部—
- 無線アクセス開発部—　R&Dイノベーション本部

- ウォレットビジネス部—
- マーケティングメディア部—　マーケティングプラットフォーム本部

- コンテンツビジネス部—
- ビジネスクリエーション部—
- スマートライフ推進部—　スマートライフビジネス本部

- ネットワーク部—
- サービス運営部—
- 端末サービス部—　ネットワーク本部

- マーケティング部—
- 販売部—
- 光ブロードバンド推進部—　営業本部

- 法人営業部—
- 5G・IoTビジネス部—
- ソリューションサービス部—　法人ビジネス本部

- 国際事業部

- 管理部門

顧客

取締役会
社長
監査委員会
監査等委員会室

［出所］NTTドコモHP[2]を元に筆者作成

　運用管理が必要となります。ひとたびシステム障害が起こると，利用してくれている企業の仕事が止まり，それだけの損害が出ます。今後，サービスの通信容量が増えていく際や，通信形式が新しくなる際，特にネットワーク管理は重要になります。

　「コンテンツビジネス部」は，ネットワークを使ったコンテンツサービスや，ショッピングサービス，決済サービスなどの開発と運用を行います。NTTドコモであれば，動画配信の「dTV」「DAZN for Docomo」，電子書籍サービスの「dマガジン」，ECの「dショッピング」，キャッシュレス決済の「d払い」などがあります。どの分野も，NetflixやAmazon，楽天市場，LINEペイなどのライバルが乱立していますが，ドコモの携帯ユーザーであればIDがひとつで多様なサービスを受けられることや，動画配信などコンテンツサービスの月額が安いこと，サービスを使うほどポイントが加算されるといった点で差別化

を行っています。携帯キャリア企業の収益は，通信料がメインですが，こうしたライフサービスと言われる付帯事業も収益を拡大しています。

　通信サービス事業では，東アジアやアフリカといったパソコンやインターネットよりもスマートフォンの普及が伸びている国での通信基地の設置や，通信事業も大きな収益の柱です。今後，高速で大容量データの送信が可能となる5Gの普及を見据え，法人営業部門では企業への通信サービス提供だけではなく，他の会社と協力してデジタルビジネスを作り上げていくサービス支援も収益拡大の鍵となります。

4　ビジネスモデル

　大きな収益源泉は携帯端末販売と通信料ですが，その他にコンテンツ配信などの月額利用料，キャッシュレス決済やクレジットカード利用などの手数料，MVNO事業社に通信回線を貸すことで得る回線使用料，外部企業へのAIやIoT事業支援のコンサルタント料といった多様なビジネスと，それぞれ異なるビジネスモデルを持つのが特徴です（**表9-3**）。

　2020年以前はプラットフォーム・サービスが通信料以外の主軸でしたが，今後は，5G回線を使った工場や建設現場でのロボット遠隔操作システム，手術などの遠隔医療システムの開発，VR，ARによる新しいエンターテインメント事業，ドローンを使った新規ビジネスなど，モノとつながるビジネスが増えていくでしょう。

表9-3　携帯キャリア企業の主なビジネスモデル

所有モデル	スマートフォンの販売により得る収益
従量課金モデル	電話回線使用料やパケット使用料（使った時間や容量に応じて課金される），MVNO企業からのネットワーク使用料
サブスクリプション（定額課金）モデル	月額通信料，動画配信や音楽配信サービスの利用料，インターネット回線使用料
手数料モデル	決済サービス，クレジットサービス等の手数料
広告モデル	メディアサービスへの広告掲載料

［出所］筆者作成

5 稼ぐ力（財務分析）

　現在，安い価格で勝負を挑むMVNO事業者が参入していますが，未だに携帯キャリア契約者の9割は大手3社が独占しています。2020年4月〜9月期の営業利益は，携帯キャリア3社のみの合計で1兆7,400億円に達し，この期間の日本国内上場企業の利益額で上位となりました[3]。新型コロナウィルス感染拡大による非常事態宣言で企業のテレワークが進んだことや，動画配信などコンテンツサービスの需要が高まったことも高収益を支えましたが，背景にはこの大手3社の市場独占状態があります。携帯キャリアの，グループ売上と営業利益率を図9-4にまとめました。各社とも20%に近い営業利益率で，今や生活に欠かせないものとなった通信事業は非常に高収益です。

図9-4　携帯キャリア3社の営業収支実績比較（2019年度）

NTTドコモ
売上高営業利益率 18.4%

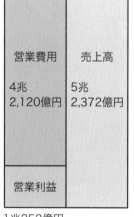

KDDI
売上高営業利益率 19.6%

ソフトバンク
売上高営業利益率 18.8%

[出所] 株式会社NTTドコモ，KDDI株式会社の「有価証券報告書」（2019年度通期），Zホールディングス株式会社のソフトバンクグループ「2020年度第1四半期データシート」を元に筆者作成

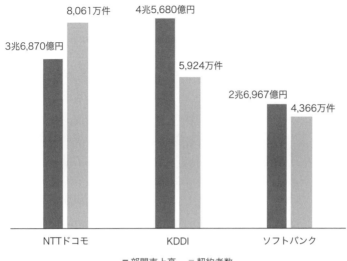

図9-5 携帯キャリア3社の個人顧客サービス売上高とモバイル契約者数

8,061万件
3兆6,870億円
4兆5,680億円
5,924万件
2兆6,967億円
4,366万件

NTTドコモ　　　　KDDI　　　　ソフトバンク

■ 部門売上高　　■ 契約者数

［出所］ 個人サービス部門売上高：NTTドコモ，KDDI「有価証券報告書」（2019年度通期），ソフトバン
クグループ「2020年度第1四半期決算データシート」
2020年度の携帯電話・PHS契約者数：電気通信事業者協会『携帯電話・PHS契約者数』（2020年
度第1四半期）[4]を元に筆者作成

　個人顧客への通信サービス事業のみの売上高と，契約者数を**図9-5**にまと
めました。3社の中で最も売上高が大きいKDDIは，メインの通信サービス以
外にMVNOのUQ mobileの契約者数を順調に伸ばし，収益拡大に成功してい
ます。
　2020年には，携帯キャリア事業の競争力を高めるため，政府や総務省が契約
時のスマートフォン本体の格安販売や期間を設定した解約違約金の緩和，通信
料の値下げを提言し，12月にNTTドコモが月額2,980円の新料金プラン「ahamo」
を発表しました。このように政府による規制や提言が収益を左右する要因とな
るのが免許事業の特徴です。現在，契約者を囲い込んでいる契約期間設定など
が緩和された場合，MVNO事業者も交えた価格・サービス競争が熾烈になる
可能性もあります。ただし，MVNO事業者はライバルでもありますが，大手
3社の通信回線を利用し手数料を支払っている顧客でもあります。今後，大幅

な通信料値下げが実施された場合は通信回線使用料とのバランスを戦略的に検討していくことも必要になるでしょう。

6 「機会」と「脅威」の分析

　携帯キャリア業界は，1990年代から30年あまりに渡って大手３社による協調的な寡占を続けてきましたが，今後は自社が保有する資源から新たなビジネス創造を行う必要があるでしょう。その際に検討すべき「機会」と「脅威」を**表9-4**にまとめています。

　5Gが導入されると，２時間の映画ならばダウンロード速度がおよそ２秒とスピード化し，さらには車，冷蔵庫，鏡など100近くの日常的に使う家電や家具，デバイスが同時に通信回線と接続すると言われています。今後，家や会社の中にある多くの機器がネット回線とつながっていく上で，通信会社はあらゆる企業と一緒にサービスを作っていく機会があります。2020年に世界を襲った新型コロナウィルス感染拡大を受けたテレワーク推進や，教育機関での遠隔授業採用も通信事業者にとっては大きな商機になっていくでしょう。

　携帯キャリア業界，特にMNO事業者の最大の資源は全国・グローバルに張り巡らされた通信基地ですが，地震や豪雨による土砂崩れなど大規模な災害が発生した際には，基地局が破壊され大きな損失を被るリスクがあります。また，

表9-4　携帯キャリア業界の「機会」と「脅威」

Opportunity（機会）	Threat（脅威）
【技術革新による新たな機会】 ・5G，AI，IoTなどのイノベーションによる新たなサービス開発と収益拡大 ・ID連携サービスを核としたライフサービスの充実と自社経済圏の形成 ・デジタル化，ネットワーク化の促進による他産業との協業 ・テレワーク，遠隔教育の普及	・人口減少による契約者数の減少 ・システム障害によるサービス停止 ・国や監督省庁の法令改正による減収や事業継続リスク ・個人情報の流出，データ流出による行政処分リスク ・災害による設備消失リスク ・海外における政令規制，戦争・テロによる事業消失リスク

［出所］NTTドコモ，KDDIの「有価証券報告書」（2019年度通期）を元に筆者作成

すでに日本国内では頭打ちとも言われるスマートフォンの契約件数は今後，人口減少により伸び悩んでいくのもリスクとなります。免許事業ゆえに，政府や省庁の方針にサービスや価格が左右されることも中期的な収益減少につながる脅威です。また，データの流出による事業停止リスクや，常に問題となっている有害サイト等によるインターネット規制も脅威となります。

7 まとめ

　携帯キャリア業界は長らく大手の寡占状態が続いてきたために，高収益を前提とした経営体制が敷かれているとも言えます。今後，国の規制による料金値下げや異業種からのライバル参入による価格競争が現実化した際，いかに事業支出の適正化ができるかも生き残りの上で大きな鍵となります。
　5G以降の世界では，VRやARを用いた仮想空間サービスによる生活の充実，医療，防災といった社会的課題の解決を成し遂げる，SF映画で見たような光景が現実になっていくとも言われており，新しい挑戦に満ちた業界だと言えるでしょう。

｜ 注 ｜

1　イー・モバイルは2007年に通信サービス市場に新規参入したが，その後2011年に解散した。
2　NTTドコモHP
　https://www.nttdocomo.co.jp/binary/pdf/corporate/about/outline/outline.pdf
　（最終確認日：2020年12月2日）
3　『携帯3社の営業益1.7兆円　4〜9月，上場企業トップ3独占』（日経新聞，2020年11月4日配信）
　https://www.nikkei.com/article/DGXMZO65838000U0A101C2MM8000/
　（最終確認日：2021年2月28日）
4　電気通信事業者協会『携帯電話・PHS契約者数』（2020年度第1四半期）
　https://www.tca.or.jp/database/
　（最終確認日：2020年11月12日）

ワークシート⑯【携帯キャリア企業】気になる１社を選び，
SWOT分析を行ってみよう

　気になった企業をひとつ選び，「強み」と「弱み」を整理して，SWOT分析を完成させましょう。「機会」と「脅威」にも，本章でまとめている項目の他に，自分で資料を調査して書き加えてみましょう。

	Strength（強み）	Weakness（弱み）
内部環境要因		

	Opportunity（機会）	Threat（脅威）
外部環境要因		

総合商社業界

　日本の商社は，明治から大正時代に「財閥」といわれる富豪の同族グループや繊維会社が海外貿易を行って，鉱物や絹糸，食料といった物資の大規模な卸業を始めたことをルーツとします。以来100年以上の歴史を通じて，日本と世界，様々な地域や企業をネットワークで結び，モノの流通と，ビジネス創造を継続しながら企業規模を大きくしてきました。

　製造業のように自社で直接製品を作る工場を持たない商社は，企業と企業とを仲介し，無形の価値を作ることで収益を上げています。近年では，デジタル化に伴うシステム開発も重要になっています。

　本章では，資源・エネルギー・食品・アパレルといった多様な事業を手がける総合商社を対象に，国内で売上規模の大きい，三菱商事，伊藤忠商事，三井物産の３社を分析していきます。

1　総合商社業界のポイント

　どのような業界でも，事業を行う際には他社との提携が必要になります。自動車メーカーならば，材料となる鉄や部品の調達が必要ですし，食品メーカーも加工品の原料となる素材を仕入れる必要があります。このように他社と協力する際には，必ず取引交渉が重要となりますが，知らない国や相手との取引では情報入手が難しかったり，法令や制度の専門知識がなければ事業を行うこと自体が困難になります。

第10章

総合商社業界

　日本の商社は，明治から大正時代に「財閥」といわれる富豪の同族グループや繊維会社が海外貿易を行って，鉱物や絹糸，食料といった物資の大規模な卸業を始めたことをルーツとします。以来100年以上の歴史を通じて，日本と世界，様々な地域や企業をネットワークで結び，モノの流通と，ビジネス創造を継続しながら企業規模を大きくしてきました。

　製造業のように自社で直接製品を作る工場を持たない商社は，企業と企業とを仲介し，無形の価値を作ることで収益を上げています。近年では，デジタル化に伴うシステム開発も重要になっています。

　本章では，資源・エネルギー・食品・アパレルといった多様な事業を手がける総合商社を対象に，国内で売上規模の大きい，三菱商事，伊藤忠商事，三井物産の３社を分析していきます。

1　総合商社業界のポイント

　どのような業界でも，事業を行う際には他社との提携が必要になります。自動車メーカーならば，材料となる鉄や部品の調達が必要ですし，食品メーカーも加工品の原料となる素材を仕入れる必要があります。このように他社と協力する際には，必ず取引交渉が重要となりますが，知らない国や相手との取引では情報入手が難しかったり，法令や制度の専門知識がなければ事業を行うこと自体が困難になります。

表10-1 総合商社3社の主な事業セグメント

	三菱商事	伊藤忠商事	三井物産
主なセグメント	・天然ガス ・総合素材 ・石油・化学 ・金属資源 ・産業インフラ ・自動車・モビリティ ・食品 ・コンシューマー事業 ・電力ソリューション ・都市開発	・繊維 ・機械 ・金属 ・エネルギー・化学品 ・食料 ・住生活 （紙パルプ，天然ゴム等） ・情報・金融 ・第8カンパニー （コンビニエンスストア）	・鉄鋼製品 ・金属資源 ・エネルギー ・機械・インフラ ・化学品 ・生活産業 （食料，繊維，ヘルスケア等） ・次世代・機能推進 （リース，ベンチャー投資等）
関連会社数	1,703社	247社	506社

［出所］三菱商事株式会社，三井物産株式会社の「有価証券報告書」（2019年度通期），伊藤忠商事株式会社HP[1]を元に筆者作成

　商社の基本的な仕事は，自国内，海外に網の目のようなネットワークを築いて，事業を行いたい企業に情報や専門知識を提供し，交渉役を担って必要な材料を調達したり，企業と企業，企業と政府をつないで事業を円滑に成立させることです。ただし，単純に仲介をするだけではありません。複数の国や企業が参加するプロジェクトに自ら資本投資をし，経営計画を作って収益を得るといった仕事も商社が得意とするところです。多様な事業を行っているのも特徴で，三菱商事であれば，天然ガス，金属，自動車，食品，コンビニエンスストア，不動産など，関連企業だけで1,703社もあります。他の2社も同様で，他業界と比べてダントツの関連会社を保有し，時代に合わせたビジネスを行いながら常に変化をするのが商社の大きな特徴です（**表10-1**）。

2　歴史分析：会社の理念や資源を知る

　三菱商事が発足したのは1918年，大正7年のことです。資源が限られた日本にとって，海外との貿易は外貨獲得や企業の市場拡大のため非常に重要でした。

116

Part2 主要業界の企業分析

ところが商社が成長した時代は，第一次世界大戦（1914-1918），第二次世界大戦（1939-1945）という，ふたつの大きな戦争と重なり，戦中・戦後は海外との貿易が国の管理下に置かれて企業活動が制限されました。

　日本が戦後の経済成長期に入ると，外貨獲得や重工業を成長させるための素材輸入，製品輸出の必要性が高まり，商社の事業は再び拡大しました（**表10-2**）。

　三菱商事，三井物産は第二次世界大戦前からの財閥グループが，伊藤忠商事は明治の初めに日本の貿易事業の主流であった繊維問屋が創業者のルーツです。いずれも，日本の高度経済成長期に世界規模の資源開発投資によって得た収益をさらなる事業投資に活用し，大きな資本力を築きました。

　モノと情報を動かして，経済発展に貢献する総合商社の理念には，そのビジネスモデルを形成する基本精神が投影されています（**表10-3**）。例えば，有名な伊藤忠商事の「三方よし」とは，17世紀以降，現在の滋賀県に本宅を置く近江商人が，商売を行う出先で売り手，買い手の満足だけではなく，出向いた先の社会経済に貢献することが認められ「世間よし」とされたことに由来します。

　商社のビジネスは時代の変遷とともに変化・多様化していますが，大きな柱は「貿易」と「投資」です。世界中にいる社員が情報を集め，人脈構築を行ってビジネスを作ることから，総合商社の最大の資源は人であるとも言われます。投資のための現金資産，吸収合併した関連会社の資産価値，自社で開発し特許を持つソフトウェア，大規模なプロジェクトを行うための知識やノウハウ等も総合商社の重要な資源です（**表10-4**）。

表10-2 総合商社業界の歴史年表（1910年代〜2010年代）

	三菱商事	伊藤忠商事	三井物産
1910年代	・三菱合資会社の営業部門が分離し，三菱商事が発足（1918年）	・江戸時代から続く麻布や絹糸の卸業者を営む伊藤家各店を統合し，伊藤忠合名会社を設立（1914年） ・伊藤忠合名会社を，旧伊藤忠商事と伊藤忠商店に分割（1918年）	
1940年代	・連合国最高司令官により商社解散の司令を受け，三菱商事解散（1947年）	・伊藤忠商事株式会社として再発足（1949年）	・第一物産の商号で会社設立（1947年） ・東京証券取引所に株式上場（1949年）
1950年代	・光和実業の商号で商社を設立（1950年） ・三菱商事に商号を変更（1952年） ・東京証券取引所に株式を上場（1954年） ・三菱商事に3つの貿易商社を吸収合併し，総合商社として新発足（1954年）	・大阪・東京証券取引所に株式上場（1950年） ・アメリカに伊藤忠アメリカを設立（1952年）	・オーストラリアに豪州第一物産株式会社を設立（1956年） ・三井物産株式会社に商号変更（1959年）
1950年代〜2000年代	・ドイツ，オーストラリア，香港，イギリス，北米等に現地法人を設立（1950年代） ・海外の鉱山，金属資源事業，油田，食品製造業，自動車に幅広く投資を行って事業拡大（1960年代〜）	・大洋物産，青木商事など国内の商社を複数合併（1950年代） ・香港，イギリスに支社を拡大（1960年代〜） ・製糖事業，不動産事業，都市開発事業，ソリューション事業など，事業拡大（1970年代〜）	・オーストラリアの炭鉱開発，鉱山開発に参画（1960年代） ・中東での石油化学プロジェクトに参画（1970年代） ・インドネシアの発電事業，サハリンの天然ガス事業に参画（1990年代）
2000年代〜	・総合エネルギー事業，コンビニエンスストア事業を子会社化	・伊藤忠食品株式会社を東京証券取引所に一部上場（2001年） ・ユニー・ファミリーマートの株式を公開買付により取得（2018年）	・アメリカの鋼材加工企業を買収（2007年） ・シェールガス開発生産プロジェクトに参画（2010年） ・ヘルスケア事業への出資（2019年）

［出所］三菱商事株式会社，伊藤忠商事株式会社，三井物産株式会社の「有価証券報告書」（2019年度通期）を元に筆者作成

表10-3 総合商社３社の経営理念

三菱商事	「所期奉公」―事業を通じ物心共に豊かな社会の実現に努力すると同時に，かけがえのない地球環境の維持にも貢献する 「処事光明」―公明正大で品格のある行動を旨とし，活動の公開性，透明性を堅持する 「立業貿易」―全世界的，宇宙視野に立脚した事業展開を図る ―三菱第四代社長である岩崎小彌太の訓諭を元にした「三綱領」を企業理念とする
伊藤忠商事	「三方よし」 ―創業者である伊藤忠兵衛の言葉で，「売り手よし」「買い手よし」「世間よし」を「三方よし」とした。 ―自社の利益だけではなく，取引先，株主，社員など商売に関わる全ての人の満足を叶えることを目標とする。
三井物産	【Mission】「世界中の未来をつくる」 【Vision】「360° Business Innovators」

［出所］三菱商事株式会社，伊藤忠商事株式会社，三井物産株式会社のHPを元に筆者作成

表10-4 総合商社の資源

資源	具体的内容	商社の場合
有形資産	不動産，設備・機械，原材料など	土地，建物（本社，事業所），など
無形資産	会社の評判，ブランドネーム，文化，技術的知識，特許や商標	知名度，ブランド，特許，商標，のれん（吸収合併した関連企業の資産価値），データシステム　など
組織の能力	人材，事業を行うプロセスの複雑な組み合わせ方	世界各国で事業を行う社員，各国政府や企業との人脈・ネットワーク，大規模プロジェクトを行うための知識とノウハウ

［出所］コリス・他（2004）p.45を元に筆者作成

3 組織の分析：仕事を知る

　図10-1は三井物産の組織図から，主に事業本部をまとめています。特徴は，金属やエネルギーといった事業部門と会社全体を支える管理部門に分かれていることです。それぞれの事業部門は独立採算制をとる「カンパニー制」です。

第10章　総合商社業界

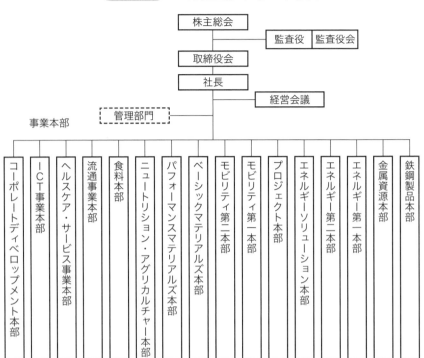

図10-1 三井物産株式会社の組織図

株主総会

監査役 | 監査役会

取締役会

社長

経営会議

事業本部

管理部門

- コーポレートディベロップメント本部
- ICT事業本部
- ヘルスケア・サービス事業本部
- 流通事業本部
- 食料本部
- ニュートリション・アグリカルチャー本部
- パフォーマンスマテリアルズ本部
- ベーシックマテリアルズ本部
- モビリティ第二本部
- モビリティ第一本部
- プロジェクト本部
- エネルギーソリューション本部
- エネルギー第二本部
- エネルギー第一本部
- 金属資源本部
- 鉄鋼製品本部

［出所］三井物産株式会社HP[2]を元に筆者作成

カンパニー制は，1997年に伊藤忠商事が総合商社として初めて導入しました。

　カンパニー制のような部門別組織は，関係する産業の構造変化や，今ならば，デジタル化による急速なビジネスモデル変化に対応がしやすい点もメリットになります。また，多くの子会社・関連会社の統括を専門部署が行うため，効率化も期待できます。総合商社にとって組織の効率化は，1970年代に起こったオイルショック，1990年代のバブル経済崩壊により資産が大きなマイナスになる経験をした際，確実に収益化できる事業を「選択と集中」により再編して，アウトソーシングを行ったことに由来します。

Part2 主要業界の企業分析

4 ビジネスモデル

ここでは，総合商社の2本柱である「トレード（貿易）」と「投資」に注目
してビジネスモデルを理解してみましょう。

4-1 モノと情報の媒介型プラットフォーム（トレード）

商社のビジネスは，情報，モノをクライアント企業に提供する媒介型プラッ
トフォームだと言えます。媒介型プラットフォームとは，自社が基盤となり，
クライアントとユーザー，製品，情報とユーザーをつなぐことで価値を創り出
し，手数料収入を得るビジネスモデルです。AmazonやLINEといったITビジ
ネスを考えるとわかりやすいでしょう。

商社の場合は，自社がプラットフォームとなり，世界各地に駐在する社員が
得る情報，調達する資源，それを必要とするクライアントに人（社員）を介し
てつなぐことが特徴です（**図10-2**）。さらに，インターネットビジネスのよ
うに，製品や情報とユーザーを媒介するだけではなく，国外から素材や製品を
届けるための「物流」，買付金や税金などの手配をする「金融」，製品取引の安
全を守る「保険」，そして取引や交渉のための「情報」を包括して提供価値と
します。例えば海外から素材を購入するには，契約業務，関税の支払い，為替
手続きといった煩雑な業務が生じます。こうした業務を商社が全て行うことで，
クライアントとなる企業の手間を省けますし，重金属や石油のように価格の変
動が激しい素材を定期的に大規模買付けすることで，安定した仕入れ値に調整
することが可能になります。

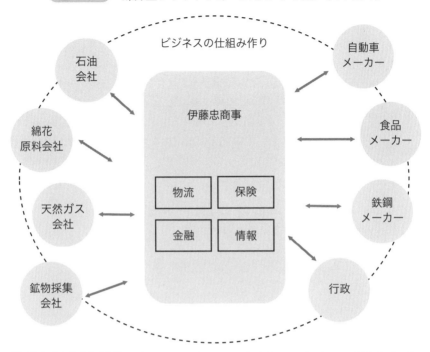

図10-2　媒介型プラットフォームとしてのビジネスモデル

［出所］伊藤忠商事株式会社HP（https://www.itochu.co.jp/ja/ir/investor/businessmodel/index.html）
を参照し筆者作成

4-2　プロジェクトベースでの事業創造（投資と経営参画）

　もうひとつの事業の柱は，投資です。複数の国や企業が合同で行うプロジェクトベースの事業に投資をし，自社が持つ人材を派遣したり，情報提供を行って経営をサポートしながら収益化を図ります。投資というと，成長が見込める企業の株主になって配当収入を得るイメージがありますが，総合商社の投資事業とは，会社を設立するための情報，人，ノウハウを資金とともに提供して，経営に参画する点が特徴です（**図10-3**）。

　近年では，こうしたノウハウを切り離して事業化し，事業会社へのコンサルティングや，情報ビジネスとして収益化もしています。

Part2

主要業界の企業分析

122

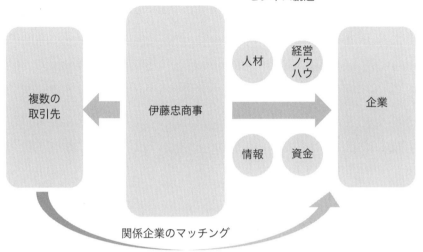

図10-3 事業投資のビジネスモデル

ビジネス創造

ビジネス創造

人材　経営ノウハウ

複数の取引先　伊藤忠商事　企業

情報　資金

関係企業のマッチング

[出所] 伊藤忠商事株式会社HP（https://www.itochu.co.jp/ja/ir/investor/businessmodel/index.html）
を参照し筆者作成

5　稼ぐ力（財務分析）

　総合商社の事業の中で特に売り上げが大きいのは，金属資源やエネルギーです。分析対象の３社が手がける事業にはそれぞれ特色がありますが，資源・エネルギーは総合商社のコア事業だと言えます。

　総合商社３社の中で最も売上高の大きな三菱商事は，伊藤忠商事，三井物産と比較して事業セグメントが多い点に注目ができます。最も大きな売り上げを占めるのは石油事業で，2019年度の実績で４兆330億円です。その他にも，天然ガス，金属資源といったエネルギーや工業資源が大きな売り上げを占めます（**図10-4**）。伊藤忠商事や三井物産も同様に，エネルギー資源と工業資源の売り上げが高く，総合商社が取り扱う領域は，製造業やインフラ企業の基盤を支えていることがわかります。

　2020年は新型コロナウィルスの感染拡大により，多くの産業が減収となりま

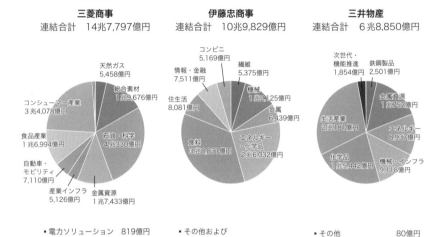

図10-4 総合商社３社のセグメント別売上（2019年度）

三菱商事
連結合計　14兆7,797億円

伊藤忠商事
連結合計　10兆9,829億円

三井物産
連結合計　6兆8,850億円

- 電力ソリューション　819億円
- 複合都市開発　651億円
- その他　122億円
- 調整・消去　−1億円

- その他および
  修正消去　29億円

- その他　80億円
- 調整・消去　−1.3億円

［出所］三菱商事株式会社，伊藤忠商事株式会社，三井物産株式会社の「有価証券報告書」（2019年度通期）を元に筆者作成

した。取引を主業とする総合商社は，クライアントである製造業などの買付け規模縮小といった外部環境要因による減収がありましたが，危機的な状況ではありません。逆に，世界的な経済停滞期こそ，自社が関わる企業のために事業創造をする機会があると言えます。各社の営業収益は**図10-5**の通りです。

6　「機会」と「脅威」の分析

　総合商社は，経済状況や政治情勢の変化，為替といった外部環境要因によって自社事業の継続や収益に大きな影響を受けます。逆に，こうした影響を想定してリスクをいかに減らすかといった知識やノウハウは商社の事業資源であり，機会になり得ると言えます（**表10-5**）。

　今後，AI，IoTといったデジタル技術が普及する社会は，複数の国，複数の企業をネットワークでつなぐ商社にとってビジネス創造の機会が増えると考えられます。従来商社が蓄積してきた政治，経済，文化といった多岐にわたる

図10-5 総合商社３社の営業収支実績比較（2019年度）

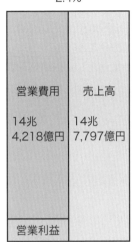

三菱商事	伊藤忠商事	三井物産
売上高営業利益率 2.4%	売上高営業利益率 3.8%	売上高営業利益率 3.7%

三菱商事
営業費用 14兆4,218億円　売上高 14兆7,797億円
営業利益 3,579億円

伊藤忠商事
営業費用 10兆5,661億円　売上高 10兆9,829億円
営業利益 4,168億円

三井物産
営業費用 6兆6,305億円　売上高 6兆8,850億円
営業利益 2,545億円

［出所］三菱商事株式会社，伊藤忠商事株式会社，三井物産株式会社の「有価証券報告書」（2019年度通期）を元に筆者作成

表10-5 総合商社業界の「機会」と「脅威」

Opportunity（機会）	Threat（脅威）
・AI，IoT，5Gといったデジタル技術による新たなサービス創造 ・デジタル化に伴うデータビジネス ・アジア，アフリカ諸国の発展に伴うエネルギー事業や新規事業への参画 ・高齢化に伴うヘルスケア事業の拡大 ・製造業の海外工場増加に伴う投資と経営参画 ・SDGs実施による工場や物流事業の刷新と支援	・政情不安，感染症拡大などによる世界的，地域的な経済活動の停滞 ・原料，石油価格の変動 ・環境変動，災害による原料調達への影響 ・大規模システムからのデータ流出，情報漏洩リスク

［出所］三菱商事株式会社，伊藤忠商事株式会社，三井物産株式会社の「有価証券報告書」（2019年度通期）を元に筆者作成

データ自体がサービスや製品となる可能性もあります。現在，主要商社が投資を行っているヘルスケア事業も高齢化の進む日本では市場を拡大するでしょうし，製造業のグローバル化に伴って海外工場が増えると経営コンサルティングや現地法人設立の機会も増えます。また，SDGs（国連による持続可能な開発目標）関連の事業により，製造工場での廃棄物削減策や，物流の効率化といったオペレーションの再構築も商社にとってはビジネスの機会となりそうです。

　一方，温暖化やハリケーン，森林火災などの大規模な災害は，短期的には世界規模での物流システムへの影響，中・長期的には農作物調達への影響等が考えられます。また，急速に進むデジタル化は，総合商社の持つ大規模な商用データの漏洩や盗難リスクを孕みます。

7　まとめ

　商社の強みは「常に変化しながらビジネスを創り出す」ことです。デジタル化により様々な産業構造が変わる時代は，情報や企業同士をいかに組み合わせるかが，これまでにない事業を生み出す鍵となります。また，私たちが今後向き合っていかなければならない温暖化や大気汚染といった地球環境変化も，課題解決のために事業を生み出し，商いを通じて企業や地域に貢献する商社にとって大きなチャンスとなっていくでしょう。

| 注 |

1　伊藤忠商事株式会社HP
　https://www.itochu.co.jp/ja/business/index.html
　（最終確認日：2021年2月28日）
2　三井物産株式会社HP
　https://www.mitsui.com/jp/ja/company/outline/organization/index.html
　（最終確認日：2020年11月26日）

📖✏️ ワークシート⑰【総合商社】気になる1社を選び，SWOT分析を
行ってみよう

　気になった企業をひとつ選び，「強み」と「弱み」を整理して，SWOT分析を完成
させましょう。「機会」と「脅威」にも，本章でまとめている項目の他に，自分で資
料を調査して書き加えてみましょう。

	Strength（強み）	Weakness（弱み）
内部環境要因		
	Opportunity（機会）	Threat（脅威）
外部環境要因		

食品業界

人が生きていく上で欠かせない食を支える産業には，長い歴史を持つ企業が多くあります。第二次世界大戦の敗戦によって深刻な食糧難となった日本では，その後の経済復興とともに食品製造の工業化が進みました。食品産業は，総務省の「日本標準産業分類」では製造業に分類され，「食料品製造業」だけでも表11-1のように細かな分類があります。

本章では，加工食品製造企業の中から，それぞれ特徴のある企業3社として味の素株式会社，日清食品ホールディングス株式会社，カゴメ株式会社を分析

表11-1　食料品製造産業の分類

畜産食料品製造業	部分肉・冷凍肉，肉加工品，乳製品　など
水産食料品製造業	水産缶詰・瓶詰，海藻加工，水産練製品　など
野菜缶詰・果物缶詰・農産保存食品製造業	野菜缶詰・果実缶詰・農産保存食品，野菜漬物
調味料製造業	味そ，しょう油・食用アミノ酸，ソース，食酢　など
糖類製造業	砂糖，ぶどう糖・水あめ・異性化糖　など
精穀・製粉業	精米・精麦，小麦粉　など
パン・菓子製造業	パン，生菓子，ビスケット類・干菓子，米菓　など
動植物油脂製造業	動植物油脂，食用油脂　など
その他の食品製造業	でんぷん，めん類，豆腐・油揚，冷凍調理食品，惣菜など

［出所］総務省「日本標準産業分類」（平成26年4月1日施行）を元に筆者作成

していきます。

1 食品業界のポイント

　世界的な食の安全と，SDGsの重要性が高まる中，原材料や製造工程の安全性が高い日本の加工食品は，世界から注目を集めています。食品業界の市場規模は，食事を摂る人口と相関関係にあります。そこで日本の食品加工企業は近年，米国やヨーロッパ，アジアだけではなく，人口の増加しているBRICs諸国（Brazil, Russia, India, China）への事業展開に重点を置いています。

　本章で分析をしていく3社に共通するのは，創業の志を今も理念とし，事業活動の軸にしていることです。「うま味を通じて粗食をおいしくし，国民の栄養を改善する」（味の素），「『食足世平』『食創為世』『美健賢食』『食為聖職』」（日清食品），「『感謝』『自然』『開かれた企業』」（カゴメ），いずれも，食を通じて多くの人を健康にし，満ち足りた生活に貢献することで幸福や平和を創り出そうという理念です。

　また食品産業の中でも特に加工食品業界は，戦後の工業化・機械化によって製品品質と業務効率が大きく向上した機械製造業の一面も持ちます。人々のライフスタイルが変化する中で，テクノロジーの進化を取り込んで顧客ニーズをどのように満たすかが今後ますます重要になりそうです。

2 歴史分析：会社の理念や資源を知る

　第二次世界大戦開戦まもない1942年，日本では政府が食料を管理する「食糧管理法」が制定され，米や麦など主食の価格や流通を政府がコントロールしていました。戦後，1955年にこの法律が廃止されて以降，経済復興の要である工業化と足並みを揃えるように，食品加工会社（※以降，食品メーカーと表記）は，事業プロセスの機械化を行って国内・海外に工場を設置していきました（**表11-2**）。

表11-2 食品加工企業３社の歴史年表（創業以降の流れを一部抜粋）

味の素	1908年７月	・池田菊苗博士が，調味料グルタミン酸ソーダの製法特許を取得し，同年９月，鈴木三郎助（二代目）が商品化。池田は1899年末にドイツ留学をし，ドイツ人の体格の良さに圧倒されたことから「日本人の健康状態を良くしたい」と強く願うようになった。
	1909年５月	
	1914年４月	・うま味調味料「味の素®」一般発売開始
	1943年12月	・川崎工場完成，操業開始
	1946年２月	・佐賀県に工場を設置
	1956年１月	・味の素株式会社に称号変更
	1956年７月	・必須アミノ酸（輸液用）発売
		・ニューヨーク味の素を設立
		以降，タイ（1968年），ペルー（1969年），インドネシア（1970年），中国（1996年）と国際支社を設立
	1970年12月	
	2013年４月	・味の素レストラン食品を設立
	2016年４月	・米国のバイオ医薬品の開発・製造受託会社の全株式を取得
		・味の素製薬が，エーザイの消化器疾患領域に関する事業の一部を承継
日清食品	1958年８月	・創業者の安藤百福が瞬間油熱乾燥法の即席袋めん（チキンラーメン）を開発
	1958年12月	・中公総社（創業時商号）から，日清食品に商号変更
	1959年12月	・大阪に工場完成
		以降，即席めんの生産工場として横浜（1964年），茨城（1971年），滋賀（1973年），山口（1975年）に工場設置
	1970年７月	・米・カリフォルニアにNISSIN FOODS（U.S.A）Co.,Inc.を設立
	2008年10月	以降，香港（1984年），中国（1994年）に支社を設立
		・日清食品ホールディングスに商号を変更
カゴメ	1899年	・創業者蟹江一太郎が西洋野菜の栽培に着手し，最初のトマトの発芽を見る
	1903年	・トマトソースの製造・発売を開始
	1908年	・トマトケチャップ，ウスターソースの製造・販売を開始
	1914年12月	・愛知トマトソース製造合資会社設立
	1919年６月	・上野工場竣工。製造設備を近代化
	1933年８月	・トマトジュースを発売
	1963年４月	・カゴメ株式会社に社名変更
	1967年10月	・台湾に企業を設立。海外トマト原料調達に着手する
	1995年２月	・野菜飲料「野菜生活100」を発売
	1998年１月	・KAGOME INC.を米国・カリフォルニアに設立
	2010年７月	・Kagome Australia Pty Ltd.とその連結子会社２社をオーストラリアに設立

［出所］味の素株式会社，日清食品ホールディングス株式会社，カゴメ株式会社の「有価証券報告書」（2019年度通期）を元に筆者作成

表11-3　食品メーカーの資源

資源	具体的内容	食品メーカーの場合
有形資産	不動産，設備・機械，原材料など	土地，建物（本社，工場），機械，原材料となる食品　など
無形資産	会社の評判，ブランドネーム，文化，技術的知識，特許や商標	知名度，ブランド，信頼性，商品開発力，マーケティング力，特許，商標など
組織の能力	人材，事業を行うプロセスの複雑な組み合わせ方	品質の良い原料を安定的に調達するシステム，農作物のデータ分析能力，優れた専門知識を持つ社員（研究員・一般社員）

［出所］コリス他（2004）p.45を元に筆者作成

　歴史を整理してみると3社とも，日本が豊かでなかった時代に「国民の健康を支えたい」「食事を美味しくして楽しめるようにしたい」という強い思いから，うまみ成分や新種の野菜，新しい食品の製法を開発したことがわかります。日本はこの3社に限らず，戦後の経済成長期に食品加工や流通における工業化が進んだため，品質が良く，美味しい食品を消費者が安価で手に入れることができるようになりました。工業化がもたらした日本の食品の品質の高さは海外のニーズも十分に満たしています。戦後から現在まで，各社ともに海外での事業展開にも力を入れています。

　食品業界の事業の柱は，製品力です。本章で分析している3社はともに，「食事を美味しくする"うま味成分"の抽出と調味料への加工技術」（味の素），「即席麺技術」（日清食品），「トマトや野菜の保存・加工技術」（カゴメ）を，自社の研究・開発によって成し遂げたイノベーション企業です。この製品開発能力や，宣伝力が無形資産として食品会社を支えています。また，日本や海外に保有する工場・機械から成る有形資産が資産全体の大きなボリュームを占めています（**表11-3**）。

　農作物を原料とする食品業界は気候変動や災害による作物の生育状況，戦争・テロなどによる原料産出国からの物流リスクに大きな影響を受けます。また国内外から工場まで原材料を輸送する際には，燃料コストの高騰も収支に影響を与えます。この業界の難しいところは，消費者の健康や命を支える商品の

第 11 章

食品業界

131

ため，原料原価の高騰下落に合わせてむやみに値段変更ができないところです。そのため，天候不良や物流事情などにより原材料の価格が高くなった場合は，食品メーカーの収益が下がることになります。そこで，仕入れる農作物や原材料の価格を過去のデータから分析し，収支の見込みを立てていくことが事業戦略上重要になるため，企業には，原料の生育状況がどのくらい収支にインパクトを与えるかを予想する専門部署があります。また，消費者が食品に求めるニーズは変わっていくため，時代や経済状況に合わせて商品開発を行ったり，科学的な研究・実験を行う専門性を持った社員も重要な資源です。

> ### 👆 POINT 「2019年の食品価格値上げから見えること」
>
> 　2019年4月に複数の食品メーカーが製品の値上げをし，ニュースなどで大きく取り上げられました。具体的には，マーガリンや，乳製品（明治），水産加工物の缶詰（マルハニチロ），ペットボトル飲料（コカ・コーラボトラーズジャパン），生麺加工品（東洋水産）などが値上がりしました。値上げの大きな理由は，人件費や物流コストの上昇です。マーガリンについては，原材料となる加工食用油の物流費や製造費が高騰したために値上がりをしており，企業のコスト削減だけでは追いつかないと判断されました。また，ペットボトル飲料に関しては包装素材の価格高騰も影響しました。このことから，食品業界は原材料調達費用，パッケージ素材費用，物流費用と，製品製造以外の部分で多様な産業と関係があるために，外部的な価格変化と自社事業コストを常にコントロールすることが必要だとわかります[1]。

3　組織の分析：仕事を知る

　食品メーカーが製品を作り，消費者に届けるまでにはいくつかの工程があります。企業の部署は，大きくその工程に沿って組織されています。今回取り上げる3社の特徴は，原材料となる野菜や穀物の栽培以外は全て自社が行う**垂直統合型**であることです（カゴメは農園事業も行っているので，原料栽培も垂直統合されています）。

　図11-1は日清食品の組織図ですが，バリューチェーンで捉えると，商品の開発や改善を行う開発部門として「研究所」があり，実際に製品を作る部門と

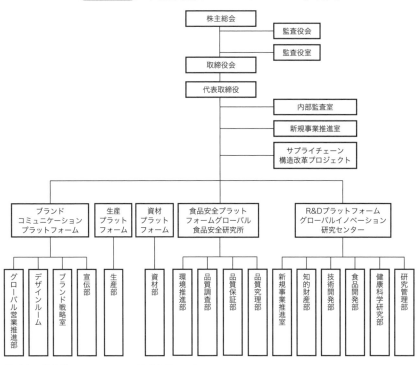

図11-1　日清食品ホールディングスの組織図

株主総会

監査役会

監査役室

取締役会

代表取締役

内部監査室

新規事業推進室

サプライチェーン
構造改革プロジェクト

ブランド
コミュニケーション
プラットフォーム

生産
プラット
フォーム

資材
プラット
フォーム

食品安全プラット
フォームグローバル
食品安全研究所

R&Dプラットフォーム
グローバルイノベーション
研究センター

グローバル営業推進部

デザインルーム

ブランド戦略室

宣伝部

生産部

資材部

環境推進部

品質調査部

品質保証部

品質究理部

新規事業推進室

知的財産部

技術開発部

食品開発部

健康科学研究部

研究管理部

［出所］日清食品ホールディングス株式会社HP（https://www.nissin.com/jp/about/nissinfoods-
　　　holdings/outline/）（最終確認日：2020年11月27日）を元に筆者作成

して「生産部」があります。また，ブランドコミュニケーションプラット
フォームの部署にあるような，具体的な市場のニーズをデータ等で可視化して
いく市場調査部門，商品特性を視覚的に伝え，ターゲットユーザーに好まれる
パッケージ等を作るデザイン部門，製品の認知度を高める宣伝部などから構成
されています。

　食品メーカーは，原材料や物流といったサプライチェーンに関わる他産業の
価格変動の影響を受けやすい企業です（p.132の【POINT】参照）。国内，海
外の事業については自社のみでなく，税率や法改正，天候といったあらゆる影
響を調査して利益を出せるように調整しなければなりません。2018年には，
TPP（環太平洋経済連携協定）に日本を含む参加国の署名が行われました。協

定国同士の関税が安くなると，外国からの原材料仕入値が安くなりますが，その逆に日本で野菜や食物生産を行う企業は安い外国産がライバルとなってしまいます。こうした社会との関係性の中で，自社事業をどのように運営するかを決めていくのが，国内事業部や海外事業部に当たります。

> 🔑 KEYWORD 「TPP(Trans-Pacific Partnership；環太平洋経済連携協定)」
>
> TPPとは，太平洋を取り囲む11カ国が，関税の撤廃や削減，原産地規制，金融サービスといった貿易自由化に関するルールを協議しながら決めていくための協定です。参加国はシンガポール，ブルネイ，チリ，カナダ，オーストラリア，ニュージーランドなどで，日本は2013年3月に参加することを決めました。TPPに参加すると関税が削減されることから，輸出した製品の価格を安くすることができるため売上拡大を見込めるメリットがあります。逆に，参加国から日本に原料や商品を輸入する際も関税が減る分安くなるため，国内の農家にとっては海外の農作物との競争が生じるという緊張もあります。
> 【参照】一般社団法人 日本貿易会HP[2]

4 ビジネスモデル

　食品メーカーの基本的なビジネスモデルは製品を企画・開発，生産して市場に出すことです。このシンプルなビジネスモデルで収益を最大化するには，原料調達からはじまって，消費者に店舗で商品を提供するまでのバリューチェーンのマネジメントと，多様な製品を的確なターゲットに届けるためのマーケティングが重要になります。

　例えばカゴメは，トマトや野菜の加工食品だけではなく農園経営をして野菜そのものも商品としています。カゴメが栽培している野菜がスーパーの野菜売り場にあると，強いブランドネームとロゴマークで目立ちますし，手に取りたくなります。さらに，カゴメが販売している野菜に合う調味料も製品として販売されており，一緒に使うと手軽におかずができるのも消費者にとってとても便利です。2015年からはNECと共同で，トマトを効率よく栽培するためのデータ分析システムを開発し，AIを用いた世界中のトマト農家の支援事業も始めました。2019年までにポルトガル，アメリカなどで実証実験を行っています。

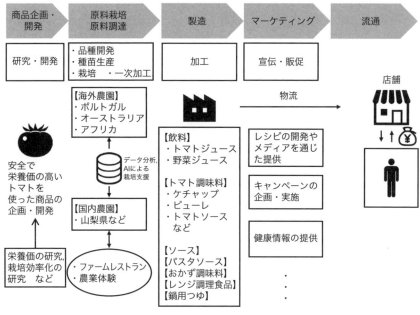

図11-2 カゴメの垂直統合モデル

商品企画・開発	原料栽培原料調達	製造	マーケティング	流通

研究・開発

・品種開発
・種苗生産
・栽培　・一次加工

加工

宣伝・販促

店舗

【海外農園】
・ポルトガル
・オーストラリア
・アフリカ

データ分析,
AIによる
栽培支援

物流

安全で
栄養価の高い
トマトを
使った商品の
企画・開発

栄養価の研究,
栽培効率化の
研究　など

【国内農園】
・山梨県など

・ファームレストラン
・農業体験

【飲料】
・トマトジュース
・野菜ジュース

【トマト調味料】
・ケチャップ
・ピューレ
・トマトソース
　など

【ソース】
【パスタソース】
【おかず調味料】
【レンジ調理食品】
【鍋用つゆ】

レシピの開発や
メディアを通じ
た提供

キャンペーンの
企画・実施

健康情報の提供
・
・
・

［出所］筆者作成

カゴメは材料製造・調達から販売までの垂直統合モデルに，マーケティング力に基づいた多様な価値提供を加えています（**図11-2**）。

　直接消費者が手に取る製品を数多く製造している食品メーカーでは，宣伝・広告といったマーケティングが非常に重要です。マーケティングでは，ターゲットユーザーのライフスタイルや気分を調査・分析することが重要です。カゴメは2020年に，自宅でオムライスやハンバーグ，ナポリタンなどの洋食を上手に作れる調味料とレシピ紹介の販促を行いました。新型コロナウィルス感染拡大で自宅で食事を食べる機会が増えた時勢だからこそ，洋食屋さんで外食する気分になれる商品提案は多くの人の気持ちを惹きつけたのではないでしょうか。

POINT 「食品メーカーのTwitter連携プロモーション」

　2020年５月，食品メーカー６社がSNSを通じて自社製品を使ったレシピを共同発信する販促プロモーションを行いました。参加したのは，味の素，キユーピー，キッコーマン，ハウス食品本社，ミツカン，マルコメで，毎週１つの食材を決め，それぞれの会社のレシピをツイッターに投稿するという試みです。料理レシピはインターネットでもアクセス数の多い人気コンテンツですが，複数の会社が協力してSNSに投稿することで，消費者との接点をより増やすのがねらいです。

[出所]『レシピ発信で６社コラボ　「＃うちで食べよう」共同販促』日本経済新聞電子版（2020年５月25日配信）
https://r.nikkei.com/article/DGXMZO59515220V20C20A5MM0000?s=4
（最終確認日：2020年11月10日）

5　稼ぐ力（財務分析）

　食品メーカーの収益は，胃袋の数に比例するとも言われます。つまり，消費者人口が多ければ多いほど，利益も大きくなるという考え方です。日本の食品メーカーは収益の大部分を国内の需要に依存しているため，人口減少が続く今後は厳しい見通しもあります。近年では食品会社の製品は健康補助食品やサプリなどにも広がっているため，異なるセグメントへのアプローチ，つまり事業領域の拡大と，グローバル展開が売上高に影響していくでしょう（**図11-3**）。

　３社の中でも，１兆1,000億円（2020年３月時点）と国内企業有数の売上高を誇る味の素は，海外での食品売り上げが49.23％と日本国内（33.2％）を大きく上回るほか，ライフサポート（PCなどに使われる絶縁体製品，動物栄養事業）7.2％，ヘルスケア（アミノ酸やタンパク質を用いたサプリメントや化粧品）12.45％と食品事業以外の売上の割合を伸ばしているのが特徴です（**図11-4**）。また，味の素は無形資産としての商標を217億5,800億円保有しており，技術と製品を収益に，そして資産にする好循環のある企業だと言えます。

　日清食品ホールディングスの特徴は，国内で全売上の６割を越す即席麺のブランド力です。「カップヌードル」「どん兵衛」「行列のできる店のラーメン」など，特色ある製品と顧客の記憶に残る宣伝戦略は，製品（ブランド）ごとに

図11-3 食品メーカー３社の営業収支実績比較（2019年度）

味の素	日清食品HD	カゴメ
売上高営業利益率 4.4%	売上高営業利益率 8.8%	売上高営業利益率 7.8%

味の素
営業費用 1兆512億円
売上高 1兆1,000億円
営業利益 488億円

日清食品HD
営業費用 4,276億円
売上高 4,689億円
営業利益 413億円

カゴメ
営業費用 1,667億円
売上高 1,808億円
営業利益 141億円

［出所］味の素株式会社，日清食品ホールディングス株式会社，カゴメ株式会社の「有価証券報告書」（2019年度通期）を元に筆者作成

開発から宣伝まで手がけるブランドマネージャー制度という組織により実現されています。また，「カップヌードル」を中心としたグローバルブランド戦略では，アメリカ，ブラジル，インド，ベトナム，タイ，インドネシアでローカライズされたオリジナル製品を販売し，順調に売り上げを拡大しています。今後はカップ麺以外でどれだけ収益を上げられるかが収益拡大の鍵になります。

カゴメの特徴は自社農園を保有し，原料生産からビジネスモデルを広げている点ですが，国内の農園事業は2019年決算では赤字となっており，海外の農園事業にシフトするべきか，上手く効率化を進められるかが注目すべき点です。

第11章 食品業界

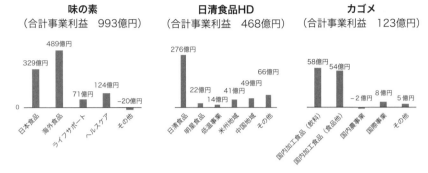

図11-4 食品メーカー３社のセグメント別事業利益（2019年度）

味の素	日清食品HD	カゴメ
（合計事業利益　993億円）	（合計事業利益　468億円）	（合計事業利益　123億円）

[出所] 味の素株式会社：「味の素株式会社」HP「財務（ハイライト），セグメント情報」[3]
　　　日清食品ホールディングス株式会社：「日清食品ホールディングス」HP「セグメント別状況」[4]
　　　カゴメ株式会社：カゴメ株式会社「2019年12月期　決算説明資料」

6 「機会」と「脅威」の分析

　食品メーカーにとって，インターネットを使った顧客への直接販売や宅配サービスが今後大きな商機になると見られています。ところが自社で小売をすることで，今まで密接な関係を築いてきた卸業者や百貨店，スーパーマーケット，コンビニエンスストアといった小売専門会社とライバルになりかねません。他社との協力関係を維持しながら，新しいビジネスモデルを創る必要があります。

　SDGsへの貢献も，食品業界にとっては大きな「機会」と「脅威」です。大きく関わるものに「食品ロス」や「プラスチック廃棄物」があります。日本では，まだ食べられるのに廃棄される「食品ロス」が年間612万トンあります（2019年時点）[5]。この量は，世界中で飢餓に苦しむ人たちに向けた世界の食料援助量（平成30年で年間390万トン）の1.6倍に達します。食品加工会社各社は，こうした食品ロスを減らすために，製品を以前よりも小分けにして使い切れるようにしたり，工場での製造量をコントロールするといった取り組みも行っています。また，プラスチック廃棄物についてはペットボトルのリサイクルやリユースに取り組んでいます。こうした社会貢献意識が新たな「機会」を生み出

表11-4　食品業界の「機会」と「脅威」

Opportunity（機会）	Threat（脅威）
・消費者の健康意識，健康ニーズの高まりによる新市場創造 ・デジタル活用による，顧客へのより詳細な製品訴求や食を通じたコミュニティの創出 ・SDGsへの貢献による企業評価の向上 ・海外諸国での日本の食に対する関心の高まり	・人口減少による消費者の減少 ・食品ロス削減，プラスチック削減，脱炭素化の実施における製造コストの上昇や，取り組み不足による企業評価の低下 ・気候変動による原材料調達不全 ・自然災害による生産の停滞 ・優秀な人材確保に伴うコストの増加

［出所］味の素株式会社，日清食品ホールディングス株式会社，カゴメ株式会社の「有価証券報告書」
　　　（2019年度通期）を元に筆者作成

していくかもしれません（**表11-4**）。

7　まとめ

　第二次世界大戦後の経済成長の中で，私たち日本人の生活を豊かにしてくれたのは「おいしい食事を毎日食べられること」です。国民の栄養を向上させるという目標を掲げ，様々な技術を生み出してきた食品メーカーは，食品の高級化，安全志向の高まり，そして日々の健康を支えるための機能性の重視といったライフスタイルの変化に応じて進化し続けてきました。食品業界の企業は今後に向けた大きな目標として，世界規模での環境対策，貧困の解消といった持続可能な社会への貢献を掲げています。

| 注 |

1　『４月こう変わる 働き方改革スタート，食品値上げも』日本経済新聞 電子版
　　（2019年３月31日配信）（最終確認日：2020年11月７日）
　　『加工用食用油，値上げ決着 ４～６月大口 物流高を転嫁 外食向け横ばい ７～９月
　　　交渉は難航必至』日本経済新聞 電子版（2019年５月28日配信）（最終確認日：
　　　2020年11月７日）
　　『［社説］値上げを賃上げとの好循環につなげたい』日本経済新聞 電子版（2019
　　　年２月23日）（最終確認日：2020年11月７日）

『マルハニチロ，サンマ缶詰値上げ　1缶10円，不漁響く』日本経済新聞 電子版（2020年2月27日）（最終確認日：2020年11月7日）
2　一般社団法人 日本貿易会HP
https://www.jftc.or.jp/kids/kids_news/japan/kyotei04.html
（最終確認日：2020年11月10日）
3　味の素株式会社HP「財務ハイライト・セグメント情報」HP
https://www.ajinomoto.co.jp/company/jp/ir/financial/ifrs_segment.html
（最終確認日：2020年11月7日）
4　日清食品ホールディングスHP「セグメント別状況」
https://www.nissin.com/jp/ir/financial/segment/
（最終確認日：2020年11月7日）
5　消費者庁HP「食品ロスについて知る・学ぶ」
https://www.caa.go.jp/policies/policy/consumer_policy/information/food_loss/education/
（最終確認日：2020年11月7日）

ワークシート⓲【食品メーカー】気になる１社を選び，SWOT分析を行ってみよう

　気になった企業をひとつ選び，「強み」と「弱み」を整理して，SWOT分析を完成させましょう。「機会」と「脅威」にも，本章でまとめている項目の他に，自分で資料を調査して書き加えてみましょう。

内部環境要因	Strength（強み）	Weakness（弱み）
外部環境要因	Opportunity（機会）	Threat（脅威）

小売（コンビニ）業界

　飲み物やお菓子，お弁当のほか，文房具や日用雑貨を扱うコンビニエンスストアは，私たちの生活に欠かせない産業です。この章では，日本の大手３社，セブン-イレブン，ローソン，ファミリーマートについて，分析をしていきます。

1　小売（コンビニ）業界のポイント

　コンビニエンスストアはもともとアメリカで創業されました。今回分析する企業の中で最初にオープンしたのは1974年のファミリーマート１号店（埼玉県狭山市）です。以来，それまでの小売店にはなかった深夜営業や，品揃えの多様さでコンビニエンスストアは全国に数を増やしてきました。独立開業をしたい個人とフランチャイズ契約を結び，開業資金があればお店を持てる仕組みで，地域のお店の多くは個人がオーナーです。このフランチャイズ方式が，コンビニ業界を成長させたビジネスモデルです。個人の出店に頼るコンビニ業界は店舗運営の効率化を図る必要があることから，企業が大手に集約される傾向があり，現在の市場はセブン-イレブン，ローソン，ファミリーマートが，グループ全体でそれぞれ１兆円以上を売上げる３強で，この３社だけでコンビニエンスストア市場の９割を占めています。

2　歴史分析：会社の理念や資源を知る

　コンビニエンスストアが誕生した1970年代は，戦後の好景気による大量消費の時代でした。この時代，製品はどんどん売れていきましたが，一方で買い手（顧客）の力も高まり，企業はライバルとの価格競争に追い込まれていきました。

　そんな70年代に創業したコンビニエンスストアは，安売りとは違った価値を追求することで，日本の小売を革新するサービス開発を成し遂げてきたと言えます。ここではセブン-イレブン・ジャパンとローソンの歴史を主に追いながら，コンビニエンスストアがどのような価値を創出してきたのかを理解しましょう（**表12-1**）。

　事業の歴史をまとめてみると，コンビニエンスストア業界は，小売のあり方を時代とともに革新してきたことが理解できます。顧客に提供する最大の価値は「利便性」です。スーパーマーケットやドラッグストアのように安売りをするわけではありませんが，急に必要なものがある時には営業時間が長く，家の近くにあるお店はとても便利です。また，レジの情報を本部に蓄積して顧客の購買データを分析し（POSシステム），欲しい商品がいつも確実に品揃えされています。高齢化が進む近年は，栄養バランスの良いお惣菜を自社製造する商品開発（プライベートブランド：PB）に力を入れる他，商品の宅配サービスも充実させています。コンビニエンスストア事業会社の資源が，他の小売業にはない価値を作り上げてきたのです（**表12-2**）。

　創業当時は，24時間営業が大きな価値提供だったコンビニ業界ですが，店舗数を全国に増やすとともに，近年では「地域の利便性を上げる」ことを大手3社とも理念として謳っています（**表12-3**）。

表12-1	コンビニエンスストア業界の歴史と革新 (セブン-イレブン，ローソン：1970年代～2010年代)		

小売業における革新	年月	内容
営業時間の革新	1975年6月	【セブン-イレブン】24時間営業開始
	1977年4月	【ローソン】24時間営業開始
流通の革新	1976年9月	【セブン-イレブン】異なるメーカーの共同配送を開始
	1977年11月	【ローソン】業界初の物流センター設置
マーケティングの革新	1981年11月	【ローソン】店舗にコンピュータ端末を導入
	1982年10月	【セブン-イレブン】POSシステム導入 ―レジの購買データを元に顧客のニーズを細かく分析して，必要な商品を的確に仕入れるオペレーションを構築した
	1988年9月	【ローソン】POSシステム導入開始
地域インフラとしての革新		《公共サービス》
	1987年10月	【セブン-イレブン】公共料金収納サービスを開始
	1989年10月	【ローソン】公共料金収納サービスを開始
	1996年3月	【ローソン】切手，はがきの取り扱い開始
		《銀行サービス》
	2001年4月	【セブン-イレブン】アイワイバンク銀行（現・セブン銀行）設立
	2018年9月	【ローソン】ローソン銀行開業
買い物支援	2011年5月	【セブン-イレブン】「セブンあんしんお届け便」開始
	2012年7月	【セブン-イレブン】「セブンらくらくお届け便」開始 ―過疎地でのトラック巡回販売や，電話などで注文した商品の宅配サービス
	2018年3月	【ローソン】生鮮食品をスマホで注文し店舗で受け取れる「ローソンフレッシュピック」を開始

［出所］株式会社セブン＆アイホールディングス，株式会社ローソンの企業HPを元に筆者作成

表12-2 **コンビニ業界が事業を行う上での資源**

資源	具体的内容	コンビニエンスストア業界の場合
有形資産	不動産，設備・機械，原材料など	直営店舗，自社工場，物流センター，自社保有のトラック
無形資産	会社の評判，ブランドネーム，文化，技術的知識，特許や商標	知名度，ブランド，データ収集と分析システム
組織の能力	人材，事業を行うプロセスの複雑な組み合わせ方	外部の生産者との関係，商品開発能力，フランチャイズオーナーとのつながり，データシステムや物流システムの特許，製品やサービスの商標

［出所］コリス・他（2004）p.45を元に筆者作成

表12-3 **コンビニ大手３社の理念**

セブン-イレブン	地域社会の利便性を追求し続け，毎日の豊かな暮らしを実現する。
ローソン	私たちは"みんなと暮らすマチ"を幸せにします。
ファミリーマート	あなたと，コンビに，ファミリーマート。

［出所］セブン-イレブン・ジャパン，ローソン，ファミリーマートの企業HPを元に筆者作成

📝 **MEMO　コンビニ業界の課題**

　1970年代から順調に店舗数を伸ばしてきたコンビニ業界ですが，大手３社の店舗の純増数は2019年に最低水準となりました[1]。店舗オーナーの高齢化や，人口減少の影響を背景としたアルバイト確保の難しさが，現在大きな課題となっています。

　2019年２月には，セブン-イレブン・ジャパンの加盟店オーナーが営業時間の短縮を強行したことに，本部が契約違反を唱え，時短営業が認められるかの交渉が注目を集めました。このニュースを機に，コンビニエンスストアのアルバイト確保の苦労が常態化していることが知られるようになりました。

　人材確保の難しさに対しては，2015年にファミリーマートがセルフレジをいち早く導入したり，2019年にローソンがセルフレジと「スマート店舗（深夜省人化）」の運用実験を始め，テクノロジーを使った業務効率の改善を進めています。

　また2020年の新型コロナウィルス感染拡大の際には，大手３社とも営業時間の短縮を実施しました。今後，深夜営業の短縮などが現実的に検討されそうです。

3 組織の分析：仕事を知る

　コンビニエンス業界は，全国の店舗運営や商品開発，マーケティング等を行う本部と，フランチャイズのオーナーが経営する店舗から成り立っています。ファミリーマートの組織図（**図12-1**）を見ると，社長の直属組織として全国のエリアを統括する各本部があり，店舗の支援や管理をしていることがわかります。

　エリア本部は地域店舗の経営支援や，地域の課題を調査して品揃えの調整をしたり，特に必要なサービスを検討する業務を行います。本部業務は，チェーン全体の売れ筋をデータから分析して顧客ニーズから商品開発をしたり，季節商品などの店舗キャンペーンや宣伝広告活動を行います。コンビニスイーツの仕掛け人になる，といった仕事も本部で叶えられるかもしれません。

図12-1　　株式会社ファミリーマートの組織図

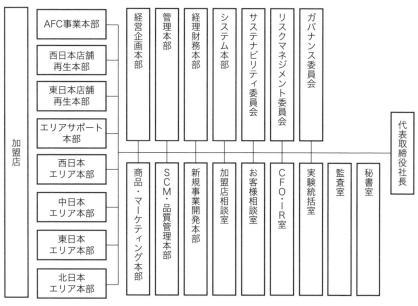

［出所］株式会社ファミリーマートHP を参照し一部改変して筆者作成

3社にはそれぞれ独自のサービスがあり，ローソンは1996年にエンターテインメントなどのチケット取り扱いを始めてから，自社でもエンタメのコンテンツ企画に参画・出資をしたり，エンタメ情報誌の編集発行をしています。このように自社がライブや映画の製作に参加することで，顧客に優先的なチケット獲得を価値として提供できます。また，ローソンは自社で農園を経営して安心・安全な素材の調達を行っています。こうしたサービスの充実も本社の組織の中にあります。

　ファミリーマートは，業界でいち早くセルフレジを導入しましたが，こうした機器の開発も，本社の社員が外部企業などと提携して行っています。

　セブン-イレブンは，お店のマルチコピー機で生命保険や自動車保険の販売をするサービスを始めました。生活に必要だけれど，いざ購入しようと思うとどのように調べたらいいのかわからない，こうしたサービスがコンビニエンスストアに集約されるのは新たな価値提供となりそうです。

　コンビニエンスストアはポイントキャンペーンやクーポン発行も頻繁に行っていて，Twitterの公式アカウントフォロワーも企業ジャンルでは上位に位置します。こうしたSNSで顧客とのコミュニケーション接点を作るのも，本社の仕事となります。

4　ビジネスモデル

　コンビニエンス業界のビジネスモデルは，フランチャイズ契約をしている店舗オーナーからロイヤリティ収入を得る，フランチャイズモデルです（**図12-2**）。ロイヤリティとは，個人営業のお店の経営を支援する手数料と理解すればいいでしょう。お店を開業したい人が，経験ゼロから仕入れや宣伝までを全て自分で行うのは大変なことです。コンビニの本社は，出店を希望するオーナーにブランド名の使用権を与える他，店舗の内装，棚や冷蔵庫などの設備設置の協力，開店後の商品卸といった営業に必要な設備とオペレーションを提供して，売り上げから決まった割合をロイヤリティとして受け取ります。

　フランチャイズモデルは，本社側にも大きなメリットがあります。全国に店舗を増やしたい場合に，自社の直営店を運営するのに比べてコストを抑えるこ

図12-2 コンビニエンスストアのビジネスモデル（フランチャイズモデル）

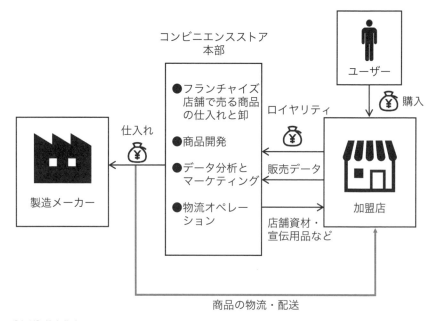

[出所] 筆者作成

とが可能です。店舗が増え，各店舗の売上高が上がるほど，収益は上がります。

　フランチャイズのオーナー側は，開店資金を用意できれば店舗経営の手間を大きく省けます。ところが，売り上げが落ちると，賃貸のスペースで営業している場合は家賃の支払いが大きな負担になります。アルバイトの採用もオーナーの責任となりますから上手く人材を確保できない場合は営業継続においてリスクがあります。

5　稼ぐ力（財務分析）

　コンビニ大手3社の中で圧倒的な売上を誇るのはセブン-イレブンです。店舗数がローソン，ファミリーマートの2倍近くあるため，フランチャイズモデル特有の規模の経済効果（店舗数が増えれば売上が増大し，その分，効率化に

図12-3　コンビニエンスストア３社の営業収支実績比較（2019年度）

セブン‒イレブン・ジャパン	ローソン	ファミリーマート
売上高営業利益率 26.4%	売上高営業利益率 10.0%	売上高営業利益率 8.9%
営業費用 7,146億円 / 売上高 9,712億円	営業費用 4,245億円 / 売上高 4,716億円	営業費用 4,709億円 / 売上高 5,171億円
営業利益 2,556億円	営業利益 471億円	営業利益 462億円

［出所］株式会社セブン＆アイホールディングス，株式会社ローソン，株式会社ファミリーマートの「有価証券報告書（2019年度通期）」を元に筆者作成

※算出方法としてセブン‒イレブン・ジャパン，ローソン，ファミリーマートは事業による総売上を売上高とし，営業利益についてはファミリーマートのみ税引き前利益を基に営業利益率を算出した。

よりコストを抑えることができる）を発揮しています（**図12-3**）。

　３社の「資産」と「純資産」から自己資本比率を計算してみましょう（**表12-4**）。コンビニエンスストアはどの会社も建物や設備などの資産が大きいため，店舗数の多いセブン‒イレブンは他の２社と比較して大きな金額です。純資産についても，セブン‒イレブンは利益を積み立てている利益余剰金が他の２社よりも非常に大きな金額です（セブン‒イレブンが１兆4,244億1,600万円，ローソンが1,650億8,100万円，ファミリーマートが3,331億4,000万円）。他の２社も十分な自己資本比率ですが，セブン‒イレブンは突き抜けて安定していると言えます。

第12章

小売（コンビニ）業界

表12-4 コンビニエンスストア3社の自己資本比率比較

企業名	資産合計	負債合計	純資産合計	自己資本比率
セブン-イレブン・ジャパン	5兆9,969億円	3兆2,397億円	2兆7,572億円	45.9%
ローソン	1兆3,577億円	1兆824億円	2,753億円	61.5%
ファミリーマート	1兆9,761億円	1兆3,777億円	5,984億円	30.2%

［出所］株式会社セブン＆アイホールディングス，株式会社ローソン，株式会社ファミリーマートの「有価証券報告書」（2019年度通期）を元に筆者作成（小数点1桁以下切り捨て）

6 「機会」と「脅威」の分析

　コンビニエンスストアは，日々の暮らしに密接していることから，社会状況や時代の変化によって経営が大きく影響を受ける業界だと言えます。

　日本が直面している少子高齢化，人口減少，世帯人数の減少，女性の就業率増加，ライフスタイルの変化が今後，店舗のマネジメントやサービス開発に大きく関わっていきそうです。

　「人口減少」は，顧客数が減少していくことになりますから，多店舗展開のコンビニエンスストア業界にとって「脅威」となります。また，若い世代の人口が減るとアルバイトの確保が難しくなることも課題です。

　「少子高齢化」が進むと，遠くのお店まで買い物に行くことが困難になるお年寄りも増加するでしょう。コンビニエンスストア業界はこの課題を「機会」と捉え，トラックでの出張販売や，購入した商品を家まで届けるデリバリーサービスを始めています。

　また「世帯人数の減少」や「女性の就業率増加」は，小分けのお惣菜や，生鮮食品をコンビニエンスストアで購入する新たな顧客を獲得するチャンスでもあります。2020年に新型コロナウィルス感染拡大で非常事態宣言が発令された際は，近所のコンビニエンスストアが急遽生鮮食品を仕入れ，スーパーマーケットの機能を代替しました。業界が掲げる「地域の利便性を向上させる」ことを考えると，今後は様々なライフスタイルの顧客に対応しながら，サービスと品揃えを多様にすることも機会の創出に影響するでしょう。

表12-5 コンビニエンスストア業界の「機会」と「脅威」

Opportunity（機会）	Threat（脅威）
【社会変化を受けた機会】 ・移動販売，デリバリーサービスの普及 ・新たな顧客層の獲得（高齢者，働く女性） 【デジタル化による新たな機会】 ・金融サービス，電子決済サービスの充実 ・顧客情報の管理とデータ活用	・人口減少による売上減少 ・人口減少によるアルバイト確保の困難 ・高齢化によるオーナーの廃業増加リスク ・顧客データや金融データの流出リスク

［出所］筆者作成

　コンビニエンスストア業界は，環境変動に伴う世界的な目標や政府の政策にも大きく関わっています。2015年の国連サミットで採択されたSDGsに対して貢献していく上での大きな課題は，食材の「廃棄ロス」対策です。コンビニエンスストアはお惣菜やお弁当といった消費期限の短い加工食品を多く取り扱いますし，常に在庫を確保しておかなければならないため，廃棄される食品がどうしても出てしまいます。この課題解決が，「機会」になる可能性があります。例えばセブン-イレブンは，2020年5月から，消費期限の近い商品を購入すると電子マネーのポイントが加算されるサービスを行っています。

　コンビニエンス業界の今後の事業展開として注目されるのは，銀行サービスと電子決済サービスで，すでに各社が独自の支払いサービスとポイントの連携を進めています。大手銀行がデジタル化を促進しATM設置を少なくするなどサービスを変化させる中で，セブン-イレブン，ローソンといった銀行サービスを行う店舗は生活インフラの機能を担っていく機会があります（**表12-5**）。

7　まとめ

　コンビニエンスストア業界は，地域に寄り添い豊かな生活を創り出すという理念に立脚しながら，いかに新しいサービスを創出していけるかが成長の鍵となります。一方で，過密になっている地域の店舗数や，廃業によってなくなる地域の店舗のバランス管理が継続的な収益拡大の上で重要になってくるでしょう。

注

1　日本経済新聞社編（2020）『日経業界地図2021年版』日本経済新聞出版，p.156

📖 ワークシート⑲【コンビニエンスストア】気になる1社を選び，
SWOT分析を行ってみよう

　気になった企業をひとつ選び，「強み」と「弱み」を整理して，SWOT分析を完成させましょう。「機会」と「脅威」にも，本章でまとめている項目の他に，自分で資料を調査して書き加えてみましょう。

	Strength（強み）	Weakness（弱み）
内部環境要因		
	Opportunity（機会）	Threat（脅威）
外部環境要因		

第13章

鉄道業界

　日本の鉄道を利用する旅客数量は，年間251億8,973万人（JR旅客会社：95億318万人，民間鉄道会社：156億8,655万人）です（2019年時点）[1]。この旅客数量は，アメリカやイギリス，フランスなどの欧米諸国に比べても多く，鉄道は国民が仕事や生活をしていく上で欠かせないインフラです。

　鉄道会社の仕事は，多くの人の移動手段となる鉄道の運行だけではなく，都市開発や流通，広告事業と広い分野に及んでいます。

　本章では，JRグループの中から東日本，東海，西日本の3社と，民間鉄道会社として東京急行電鉄（※以降，東急電鉄と表記）をグループに持つ，東急株式会社を分析していきます。

1　鉄道業界のポイント

　鉄道会社は，多くの人々が快適に移動するための鉄道網の整備や安全な運行といった「鉄道事業」と，沿線の都市開発や住宅整備といった「不動産事業」，ホテルや旅行代理店などの「旅行事業」，駅ビルなどの「流通事業」を大きな収益の柱としています。また，日本の鉄道技術は世界的に見ても非常に高く，諸外国で高速鉄道の技術指導やコンサルティング事業も行っています。こうした最新の移動技術を生み出すための研究機関の運営も大事な事業です。

　今後の人口減少に伴い国内の旅客数は減少していくと見られていますが，海外からの観光客増加を見込んだ移動の利便性向上やツアーパッケージの開発な

ど，鉄道事業を強みとした新たなビジネス開発が期待されます。

　本章では，JRグループは国土を網羅する新幹線事業の広がりについて，東急については都市づくりについて注目していきます。

2　歴史分析：会社の理念や資源を知る

　1949年に設立された国の鉄道会社「日本国有鉄道」は，戦後の鉄道設置で生じた巨額の投資金を抱えながら赤字を膨らませ，国会での審議を経て1987年に分割民営化されました。JR東日本，JR東海，JR西日本はそのうちの3社です。民営化以降は，事業オペレーションや働き方の効率化を行って経費を削減し，さらに旅行業，流通業などの事業を増やしながら収益を拡大してきました（**表13-1**）。

　JRグループと同じように，東京の私鉄事業会社である東急株式会社も，鉄道事業会社からスタートし，沿線を中心とした都市開発，観光事業，流通事業を複合して成長してきました。東急電鉄は，1922年に創業した目黒蒲田電鉄に，1928年に田園都市株式会社，1934年に池上電気鉄道といった企業を次々と合併し，その沿線である世田谷区，大田区，目黒区を中心として，住宅地と都心を結ぶ鉄道網を充実させてきました。鉄道事業と同時に，ホテル事業，沿線の駅を中心とした宅地開発を行うようになり，沿線の街に暮らす住民の生活を便利にするため，スーパーマーケットやスポーツクラブ，ショッピングモール，映画館といった流通・娯楽事業もグループとして手がけています。2000年代以降は東急東横線，東急田園都市線の主要駅である東京・渋谷の大規模な開発に着手し，渋谷ヒカリエ，渋谷スクランブルスクエアなど新しいオフィスビル・商業施設を開業しています。

　JRグループ，東急株式会社ともに，駅にたくさんの人が集まればそれだけ旅客数が増えますから，大規模な都市開発は事業の要です。

　表13-2に，鉄道会社の資源をまとめました。鉄道は沿線の土地や車両，車両倉庫や整備機材といった有形固定資産が非常に大きな事業です。また資産には「建設仮勘定」といって，現在建設中の線路や建物など，完成前の「未来の有形固定資産」に対する支出額も加算されるのが特徴です。

表13-1　JRグループ3社（東日本・東海・西日本）の歴史年表（民営化以前からの流れを一部抜粋）

【民営化以前】	
1949年7月	・日本国有鉄道法に基づき，公共企業体として，日本国有鉄道（国鉄）が設立
1964年10月	・東海道新幹線「東京～新大阪」間の営業を開始
1972年3月	・山陽新幹線「新大阪駅～岡山駅」間の営業を開始
1975年3月	・山陽新幹線「岡山駅～博多駅」間の営業を開始
1982年3月	・東北新幹線「大宮駅～盛岡駅」間の営業を開始
1985年3月	・東北新幹線「上野駅～大宮駅」間の営業を開始
【民営化以降】	
1987年4月	【国鉄民営化】 ・東日本旅客鉄道株式会社，東海旅客鉄道株式会社，西日本旅客鉄道株式会社設立
1989年11月	【西日本】一般旅行業の営業を開始
1991年6月	【東日本】東北および上越新幹線「東京～上野」間の営業を開始
1992年4月	【東日本】山形新幹線の運転を開始
1997年3月	【西日本】JR東西線「京橋駅～尼崎駅」間の営業を開始 【東日本】秋田新幹線の運転を開始
1997年10月	【東日本】北陸新幹線「高崎～長野」間の営業を開始
2000年3月	【東海】ジェイアール名古屋タカシマヤ，名古屋マリオットアソシアホテルが開業
2002年12月	【東日本】東北新幹線「盛岡～八戸」間の営業を開始
2003年10月	【東海】東海道新幹線品川駅開業
2005年7月	【東日本】IT事業本部を設置
2007年7月	【東日本】鉄道事業本部のSuica事業をIT事業本部に移管
2015年3月	【西日本】北陸新幹線「上越妙高駅～金沢駅」間の営業を開始 【東日本】北陸新幹線「長野～上越妙高」間の営業を開始
2017年2月	【東海】タカシマヤゲートタワーモール，名古屋JRゲートタワーホテル開業

［出所］JR東日本旅客鉄道株式会社，JR東海旅客鉄道株式会社，JR西日本旅客鉄道株式会社の「有価証券報告書」（2019年通期）を元に筆者作成

　日本の鉄道会社が世界に誇るのが，事業を行う複雑な仕組みと，それを行う社員の能力の高さです。日本は国土が狭いにも関わらず鉄道の運行本数が多頻度です。網の目のような時間管理や車両の停止駅など複雑な計画を鉄道会社は日々管理しています。運行計画を管理する部署と，鉄道車両の車掌や運転士，駅員全てが情報を共有し，安全・正確な輸送を実現するには，優れた人材と複

資源	具体的内容	鉄道会社の場合
有形資産	不動産，設備・機械，原材料など	土地，機械装置および運搬具（車両など），建物（本社，商業施設，ホテルなど），建設仮勘定　など
無形資産	会社の評判，ブランドネーム，文化，技術的知識，特許や商標	知名度，ブランド，信頼性，駅の立地，データシステム　など
組織の能力	人材，事業を行うプロセスの複雑な組み合わせ方	安全・多頻度の鉄道運行を支えるシステム，優れた専門知識を持つ社員，蓄積された知識

表13-2　鉄道会社の資源

［出所］コリス・他（2004）p.45を元に筆者作成

雑なデータシステムが不可欠なため，新規参入が非常に難しい業界です。

3　組織の分析：仕事を知る

　鉄道会社は多様な事業分野を持つだけではなく，高度な技術力が集約された研究・開発事業によって長期的な収益を生み出します。JR東海がサービス開始を予定しているリニア中央新幹線は，最高時速500キロで走行しますが，そのスピードでも安全性を保つ車両の開発と製造についての研究や実験線路でのテスト走行は長い期間をかけて検証が続けられてきました。

　図13-1は，JR東日本の組織図です。鉄道事業部のほかに，技術イノベーション推進本部，MaaS・Suica推進本部，国際事業本部などがあります。

　鉄道会社の事業として今後注目すべきは「MaaS」と「データ活用」です。

　「MaaS（Mobility as a Service）」とは，フィンランドで最初に提唱された概念で，ICT技術を用いて公共交通やマイカーなど複数の交通手段を統合しようというものです。

　JR東日本は非接触式のICカード「Suica」を2001年から改札や切符販売機に導入しました。JRだけではなく全国の私鉄や地下鉄，コンビニエンスストアなど様々な場所で決済ができるようになったSuicaは現在，8,273万枚発行されています（2020年3月時点）[2]。今後は，Suicaユーザーの購買データや移動

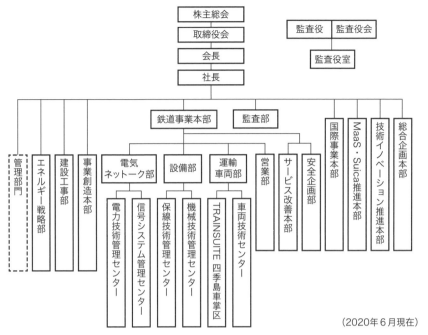

図13-1　JR東日本の組織図

株主総会
取締役会
会長
社長

監査役　監査役会
監査役室

鉄道事業本部　監査部

管理部門
エネルギー戦略部
建設工事部
事業創造本部

電気ネットーク部
電力技術管理センター
信号システム管理センター

設備部
保線技術管理センター
機械技術管理センター

運輸車両部
TRAIN SUITE 四季島車掌区
車両技術センター

営業部

サービス改善本部

安全企画部

国際事業本部

MaaS・Suica推進本部

技術イノベーション推進本部

総合企画本部

（2020年6月現在）

［出所］東日本旅客鉄道株式会社（※以下，JR東日本と表記）HP[3]を参照し一部改変して筆者作成

　データを分析して，他の企業とともに消費者のニーズ発掘やMaaSサービスへの活用を目指しています。

　東急は，鉄道事業を行う交通インフラ事業部のほかに，ターミナル駅である渋谷駅と，自社沿線を中心に都市開発を行う事業グループ，そのほかに「沿線生活創造事業」として，エンターテインメントやウェルネスの事業を持つのが特徴です（**図13-2**）。エンターテインメント事業は，映画館「109シネマズ」の運営や，主に渋谷などで開催されるイベントの企画・実施などを行っています。イベントの企画実施は，街の魅力を向上させてブランド力を高め，たくさんの人に来てもらうための重要な施策です。人がたくさん街に集まれば，鉄道の利用も増えます。その他にも，スーパーマーケットや駅直結の保育園など，消費者が暮らす街を充実させるトータルな事業が私鉄の使命だということが組

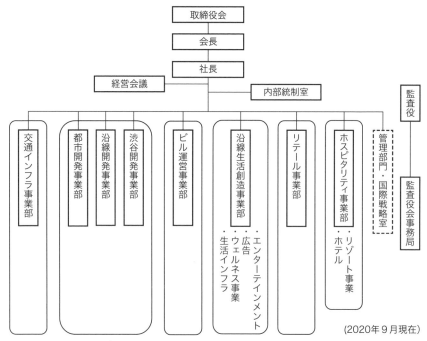

図13-2　東急の組織図

（2020年9月現在）

［出所］東急株式会社HP[4]を参照し一部改変し筆者作成

織図からわかります。

4　ビジネスモデル

　複数のビジネスから収益を得る鉄道会社のビジネスモデルを整理してみましょう。鉄道会社は，鉄道事業を中心に，レンタカーなどの移動サービス，不動産，観光，流通と，総合的な領域で顧客と接点を作り，サービスを提供しています（図13-3）。

　収益モデルの基本は，距離やサービス（指定席など）に応じて乗車券を売る交通事業の従量課金モデルですが，定期券の販売（サブスクリプションモデル），百貨店経営や不動産経営（手数料収入モデル），デジタルデータ活用によ

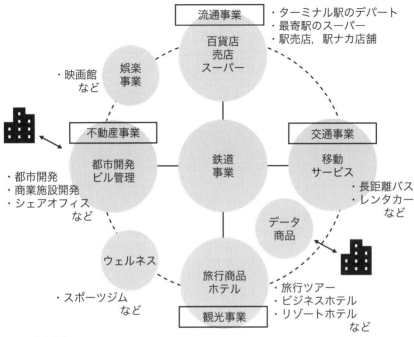

図13-3　鉄道会社の主なビジネス

流通事業
百貨店
売店
スーパー
・ターミナル駅のデパート
・最寄駅のスーパー
・駅売店，駅ナカ店舗

娯楽事業
・映画館
など

不動産事業
都市開発
ビル管理
・都市開発
・商業施設開発
・シェアオフィス
など

鉄道事業

交通事業
移動
サービス
・長距離バス
・レンタカー
など

データ
商品

ウェルネス
・スポーツジム
など

旅行商品
ホテル
観光事業
・旅行ツアー
・ビジネスホテル
・リゾートホテル
など

[出所] 筆者作成

る収益など，多様性があります。

　鉄道会社に大きな収益をもたらす資源は，駅の立地です。JRグループのように大きなターミナル駅を保有していれば，通勤や通学の行き帰りに多くの人が駅ビルや駅ナカを利用します。また東急のように，自社で沿線を開発しながら郊外に魅力のある駅を作り，近隣の人が気軽に利用できるショッピングモールや映画館を建設して人の流れを作るのも優れた戦略です。

📝 **MEMO** 「鉄道事業で稼がない鉄道会社」

　JRグループや東京・大阪などの大都市を事業の中心地域とする私鉄は，複合的なビジネスで大きな利益を上げていますが，一方で地方の鉄道会社は過疎化による乗客減などで厳しい経営状態が続いているところがあります。そんな地方鉄道で，意外な方法で経営を持続させているのが，千葉県銚子市の銚子電鉄です。

　大正11年に創業した銚子電鉄は，全長わずか6.4キロの私鉄企業です。第二次世界大戦後，空襲の影響で運休を経て再開しましたが，過疎化や観光客の減少に伴って厳しい経営状況でした。銚子市からの助成を得て経営を続けていましたが，度重なる経営会社の変更などから2000年代に入り危機的な経営難に陥り，国土交通省の安全点検で指摘された車両補修の資金にも行き詰まりました。そこで，自社で観光客へのお土産用に製造していたぬれ煎餅の購入を公式ホームページで呼びかけたところ，SNSなどで拡散されて注目を集めました。ぬれ煎餅は，沿線に日本有数の醤油メーカーがあり，その醤油を使って作っています。銚子電鉄の収益は，鉄道事業自体赤字ですが，ぬれ煎餅の売上が事業継続を支えています。それ以外にも，駅名にスポンサーを募集して，駅名表示や車内アナウンスにスポンサーの名称を用いる「ネーミングライツ」ビジネスや，貸切列車サービス（80名まで54,400円・税込）など，鉄道をコンテンツ化することで利益を上げています。

　　［参考URL］銚子電鉄HP[5]

5　稼ぐ力（財務分析）

　鉄道会社の収益を支えるのは乗客数です。通勤客の多い東京都心や横浜をエリアに持つJR東日本は，鉄道運輸と付随する流通，不動産でも売上規模が3社の中でトップです。それに対してJR東海は，ビジネス出張客の多い東海道新幹線事業により運輸の売上が高く安定しています。新幹線は，乗車運賃だけではなく指定席の販売も同時にできますから，高収益事業になります。在来線を主とするJR東日本，JR西日本と比較してみると，JR東海の利益額，売上高営業利益率ともに非常に高いことがわかります（**図13-4**）。

　各鉄道会社が何で儲けているかを確認するために，セグメント別売上を**図13-5**にまとめています。JRグループは運輸業が売上高の半分以上を占めていることに対し，東急は不動産事業が収益の半分以上を占めます。東急は渋谷を

図13-4　JRグループ3社（東日本・東海・西日本）と東急の収支比較（2019年度）

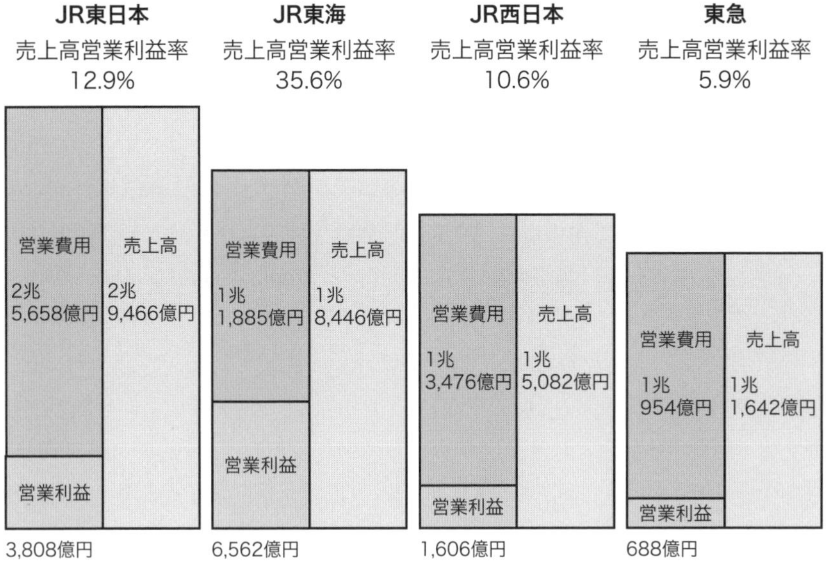

JR東日本	JR東海	JR西日本	東急
売上高営業利益率 12.9%	売上高営業利益率 35.6%	売上高営業利益率 10.6%	売上高営業利益率 5.9%

JR東日本		JR東海		JR西日本		東急	
営業費用 2兆5,658億円	売上高 2兆9,466億円	営業費用 1兆1,885億円	売上高 1兆8,446億円	営業費用 1兆3,476億円	売上高 1兆5,082億円	営業費用 1兆954億円	売上高 1兆1,642億円
営業利益		営業利益		営業利益		営業利益	
3,808億円		6,562億円		1,606億円		688億円	

［出所］東日本旅客株式会社，東海旅客株式会社，西日本旅客株式会社の「決算説明資料」（2020年3月期）と東急株式会社の「有価証券報告書」（2019年通期）を元に筆者作成（1億円以下四捨五入）

中心とした地価の高い東京都心の都市開発やビル運営を中心的な事業とし，高い収益性を実現しています。JR西日本は大阪市を中心に駅ビル開発を進めており，今後，不動産や流通の収益を拡大していく戦略です。

　長期的視野で考えると日本は人口減が続いていますから，鉄道を利用する乗客も減っていく見込みです。そこで各社が売上拡大のために行っているのは，乗車サービスの充実です。すでにJRでは都心につながる路線の一般路線にグリーン車を増設したり，東急も地下鉄乗り入れ路線で指定席の販売を始めて通勤客に好評です。駅ナカサービスもこれまでは飲食店などが主流でしたが，電源が使える有料のワーキングスペースなども増えています。

　鉄道会社の資本は規模も大きく，自己資本比率も高いため安定していると言えます（表13-3）。

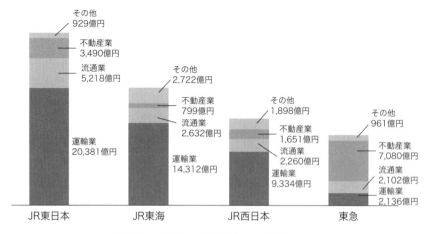

図13-5 JRグループ3社（東日本・東海・西日本）と東急のセグメント別売上（2019年度）

■運輸業　■流通業　■不動産業　■その他

［出所］東日本旅客株式会社，東海旅客株式会社，西日本旅客株式会社の「決算説明資料」（2020年3月期）と東急株式会社の「有価証券報告書」（2019年度通期）を元に筆者作成 6

表13-3 JRグループ3社と東急株式会社の自己資本比率比較

企業名	資産合計	負債合計	純資産合計	自己資本比率
JR東日本	8兆5,370億円	5兆3,636億円	3兆1,734億円	37.1%
JR東海	9兆6,031億円	5兆7,310億円	3兆8,721億円	40.3%
JR西日本	2兆7,939億円	1兆9,700億円	8,239億円	29.4%
東急	2兆5,372億円	1兆7,276億円	8,096億円	31.9%

［出所］各社の「有価証券報告書」（2019年通期）を元に筆者作成（小数点1桁以下切り捨て）

6 「機会」と「脅威」の分析

　駅を中心とした複数の事業を持つ鉄道会社にとって，MaaS事業を構想する際に自社が持つ資源をいかに組み合わせて利益化できるかが今後のビジネスにおける大きなポイントです。**表13-4**は，鉄道業界の「機会」と「脅威」をまとめたものです。今後の大きな「機会」としては，デジタル化による「MaaS」

表13- 4　鉄道業界の「機会」と「脅威」

Opportunity（機会）	Threat（脅威）
・デジタル化による新たなサービス創造 ・働き方の改革によるワーケーションなどの新たな移動機会 ・沿線利用者のライフスタイル変化に伴う新たな生活サービスの創造 ・インバウンド観光客増加に伴う機会	・人口減少による利用者の減少 ・災害による自社事業停止リスク ・法令改正による事業規制や料金改訂によるコスト増や減収 ・システム停止による事業停止リスク ・優秀な人材確保に伴うコストの増加

［出所］鉄道各社の「有価証券報告書」（2019年度通期）を元に筆者作成

ビジネスの創造が期待されます。まだ「MaaS」については具体的なビジネスが実施されていませんが，ICT技術を用いた付加価値をいかに創出できるかが重要になるでしょう。一方で，デジタル化に伴い，専門知識を持った優秀な人材を獲得できなければ競合他社に差をつけられてしまいます。人材獲得が今後の課題となります。

　また今後はテレワークの浸透により，地方で仕事とバカンスを一緒に取るワーケーションのニーズが高まる可能性もあります。鉄道とホテルなどの観光事業を持つ鉄道会社には「機会」となりそうです。

　一方，人口減少による旅客の減少や，災害による自社設備への被害や事業停止は大きな「脅威」です。2011年3月の東日本大震災発生後には，東北新幹線の被害箇所だけで約1,200箇所，JR東日本の運輸事業は約440億円の減収となり，復旧費用は約550億円と想定されました。地震が多い日本では，災害に対する備えがますます必要になってきそうです。

7　まとめ

　鉄道事業は，広範囲の土地を保有し，独自技術により線路や車両といった移動設備と，安全性の高い輸送技術を長い歴史の中で作り上げてきた新規参入が難しい産業です。デジタル化で今後，どのような付加価値を創出できるかが，持続的成長を左右するでしょう。

　2020年初頭から感染が拡大した新型コロナウィルスの影響による休校，テレ

ワークの普及，出張の抑制により鉄道業界は大きなダメージを受けました。東海道新幹線を運行するJR東海は，2020年4月以降の乗客が前年比で11％まで減少しました。今後は大規模感染症対策を踏まえた車両，運行の改革に鉄道会社の持つ優れた技術が活かされると期待します。

（※本章で用いたデータは新型コロナウィルス感染拡大に伴う外出制限が深刻になる前の2019年4月～2020年3月のものです）

┃ 注 ┃

1　国土交通省（2019）「鉄道輸送統計年報　NO.33 2019年度分」
2　東日本旅客鉄道株式会社HP「ファクトシート」（2020年7月作成）
　　https://www.jreast.co.jp/investor/factsheet/（最終確認日：2020年11月8日）
3　東日本旅客鉄道株式会社HP
　　https://www.jreast.co.jp/organization
　　（最終確認日：2020年12月2日）
4　東急株式会社HP
　　https://www.tokyu.co.jp/company/outline/organization.html
　　（最終確認日：2020年11月26日）
5　銚子電気鉄道株式会社HP
　　https://www.choshi-dentetsu.jp/
6　JR東日本と東急株式会社のセグメント表記は「運輸事業」「流通・サービス事業」「不動産・ホテル事業」「その他」だが，JR東海，JR西日本のセグメント表記に合わせ代表事業を項目とした。

ワークシート⑳【鉄道運輸企業】気になる１社を選び，SWOT分
析を行ってみよう

　気になった企業をひとつ選び，「強み」と「弱み」を整理して，SWOT分析を完成
させましょう。「機会」と「脅威」にも，本章でまとめている項目の他に，自分で資
料を調査して書き加えてみましょう。

内部環境要因	Strength（強み）	Weakness（弱み）
	Opportunity（機会）	Threat（脅威）
外部環境要因		

第**14**章

IT業界

全ての産業がDX（デジタルトランスフォーメーション）を進める中で，成長が目覚ましいのがIT業界です。その種類は「eコマース」「金融」「モビリティ」「メディア」「ゲーム・エンターテインメント」と多様です。

この章では，インターネットの普及を背景に急成長した国内のIT企業，株式会社サイバーエージェント（広告・ゲーム・メディア等），株式会社ディー・エヌ・エー（ゲーム・ヘルスケア等），株式会社ZOZO（アパレルeコマース）について分析をしていきます。

1 IT業界のポイント

インターネット・ビジネスは，ユーザーの利便性や快適性をいかに高めるかが重要です。顧客への価値提供の核となるのは「何かをする時に困ったなと思う課題の解決」や「テクノロジーがもたらす生活の豊かさ」です。また，IT業界の特徴のひとつに，同業者のデジタル支援ビジネスや，本来ライバルだった企業と協力をしてより大きな市場創造を行う点があります。

2 歴史分析：会社の理念や資源を知る

2-1 サイバーエージェント

1998年に創業し，インターネット広告代理業を本業とするサイバーエージェントは，時代の進化を的確に汲み取って，2009年にはスマートフォンの広告サービスに特化し，収益を成長させました。2019年度通期決算で発表した売上高は4,536億円で，そのうち広告事業の売上は2,602億円です。広告事業が順調に成長している背景には，2010年代以降，自動車や食品，生活用品メーカーといった年間広告宣伝費の大きな企業がインターネット広告の出稿を急速に増やしていることがあります。また，動画広告の制作やディレクションも新たな収益になっています。広告市場では，2019年度に国内広告費のメディア別出稿でインターネット広告費が地上波テレビを抜き，2.1兆円となりました。

サイバーエージェントは，広告業に付随する様々なビジネスも手がけてきました。2004年には「Ameba」ブランドでブログサービスを立ち上げ，一般ユーザーだけではなく，アーティストやクリエイターなど有名人が自分で情報を発信するという文化を創り上げました。日本語によるTwitterのサービスがスタートしたのが2008年ですから，それより4年以上も早く個人発信の情報メディアを普及させたことになります。「Amebaブログ」は，書き手が人気となりフォロワーを増やすと，ページに広告が出稿され，報酬を得ることができます。メディア企業の広告収入と同じビジネスモデルです。この他にも，2009年にはゲーム事業を本格的に始め，「アイドルマスター シンデレラガールズ」や「プリンセスコネクト！」といったヒット作も出しています。2016年には，インターネットTV局「Abema TV」をテレビ朝日との共同出資で設立し，テレビニュースやドラマ，バラエティの制作・配信も行っています。

それぞれの事業の売上は，最も収益の高い広告部門に継ぎ，ゲーム部門が1,522億円，メディア部門が373億円です。

サイバーエージェントのビジョンは「21世紀を代表する会社を創る」で，軸足はインターネットに関連したサービスです。近年はAIの研究所も創立して，

167

ネットユーザーの膨大な行動履歴や嗜好性をビッグデータで分析し，より効果のある広告ビジュアルや表現を自動化して制作する新しい試みをしています（「極予測AI」「極予測AI人間」）。常に新しい挑戦をすることで，21世紀に歴史を刻んでいる会社だと言えます。

2-2　ディー・エヌ・エー（DeNA）

　プロ野球チーム「横浜DeNAベイスターズ」のオーナーとして知られるディー・エヌ・エーは，1999年にインターネットのオークション事業を本業として設立され，2001年までに，ネットオークションやネットショッピングの「ビッダーズ」というサイトをオープンしました。「ビッダーズ」は，当時，Yahoo! JAPANのサービス「Yahoo！オークション」に並ぶオークションサイトでしたが，2004年には携帯電話専用のオークションサービス「モバオク」を創業し，携帯電話のカメラで撮影した商品をそのまま出品できる仕組みを作って，急成長しました。2006年には携帯電話専用ゲームサイト「モバゲータウン」でゲームビジネスに参入し，2010年にはスマートフォン専用サイトも開設しました。ディー・エヌ・エーの収益を見ると，ゲーム事業が圧倒的トップで，全売上1,241億円のうち，836億円を占めています（2019年度通期）。

　ディー・エヌ・エーはスマホゲームに早くから特化し，ゲーム開発の分野で老舗の任天堂と協力をしたり，『ポケットモンスター』や『HUNTER×HUNTER』などの人気コミックスのキャラクターを用いたゲームをリリースするなど，他社との協業に強みを持つのが特徴です。

　オンラインゲームのみを主業とする企業は，ヒットタイトルが出せないと減収になるリスクがありますが，ディー・エヌ・エーの場合は2014年にインターネットを使ったヘルスケア事業や，2015年にタクシー配車のモビリティ・サービスを立ち上げるなど新規事業を常に開拓して収益のバランスを図っています。

　ディー・エヌ・エーの経営理念は「Delight and Impact the World ～世界に喜びと驚きを」で，インターネットやAIといった最新技術で社会に「delight」，喜びを届けるようなサービス創出を目指しています。

2-3　ZOZO

　テクノロジーの力で「世界をカッコよくする」ことを目的とし，日本国内の
アパレルの小売業態をわずか20年で大きく変えたのが，ファッション・eコ
マースのZOZOです。1998年に輸入CDやレコードの通信販売を行う会社とし
て創業し，2年後の2000年にはインターネットでの小売を始めました。同年に，
アパレル商材を中心としたセレクトショップの運営を始めたことが，2004年の
「ZOZOTOWN」開業につながっていきます。

　顧客にとってZOZOの強みは，1つのサイトでたくさんのメーカーの服を選
ぶことができること（品揃えの充実），注文したらすぐに届くこと（時間の利
便性）です。注文から手元に届くまでの配送効率化のため，2006年には千葉県
に独自の物流センターを設置して，配送オペレーションを構築しました。自社
で物流センターを持つことは，品切れによる販売機会の喪失という課題解決に
もなります。販売するメーカーも同様に，ZOZOによって課題解決ができます。
ECサイトを開設して，決済システムを運用したり，倉庫にある商品を発送す
るのは，ファッションの企画や製造を専門とする企業にはないノウハウです。
テクノロジー企業であるZOZOは，物流センターにある在庫と，顧客が商品を
検索するデータをリアルタイムで連携させ，顧客が好みそうな商品を的確にレ
コメンドするシステムも構築しています。こうした技術を，アパレルメーカー
が持つには，投資と時間のコストが莫大にかかります。

　ZOZOの業態は「ツー・サイド・プラットフォーム」と呼ばれるもので，ア
パレルメーカーと，洋服を買うユーザーの両方を顧客とします。ZOZOはアパ
レルメーカーと「販売委託」という契約をし，物流センターにある商品はメー
カーからの預かりで，自らは在庫を持ちません。商品の魅力を伝え，買い物が
しやすいウェブサイトを作るのが本業です。

　2009年には，株式会社ビームスが運営するオフィシャルECサイト「BEAMS
Online Shop」の支援ビジネス（サイトを作ったり，決済や在庫情報をサポー
トして運用を支援する）をスタートさせてアパレル企業に販売のデジタル化ノ
ウハウを売り，新たな収益源泉としています。こうしたEC支援サービスは世
界的にも専門会社があり，安定した収益が見込める事業です。

2019年には，Yahoo! JAPAN等を運営するＺホールディングスと資本業務提携を発表し，2020年にはヤフーが運営する「PayPayモール」に「ZOZOTOWN」を出店するなど，ｅコマースとして確立したブランドの市場拡張も行っています。また，足を置くだけで３Ｄでサイズを計測できる「ZOZOMAT」を開発し，ファッションアイテム購入の利便性を常に追求しています。

ZOZOの理念は「世界中をカッコよく，世界中に笑顔を。」で，ITサービスの企業らしく，テクノロジーの力で様々な課題を解決し，生活を豊かにすることを事業のゴールとしています。

この章で取り上げている３社とも，次々と新しいサービスを創出し，事業を多角化しています。このように，ひとつの事業を成功させるだけではなく，その事業を行う上で蓄積した知識やノウハウから，異なるサービスを生み出すのがIT企業の特徴です。

3　組織の分析：仕事を知る

ITサービス業界の組織の特徴は，多数の子会社を持ってサービスの拡充をしていることです。サイバーエージェントは子会社と関連会社が計126社あります。ディー・エヌ・エーの子会社・関連会社は計53社です。ZOZOは子会社が６社あり，テクノロジー開発や，海外でのサービス運用などの複合的な事業を行っています。サイバーエージェントの子会社が100を超すのは驚きますが，この会社は社員の起業マインドを応援する文化があり，定期的に行われる新規事業の社内プレゼンテーション等で可能性があるビジネスだと認められると本社が出資をして草案者の独立支援をするからです。「たくさんの社長を生み出す」という会社の方針から子会社がたくさんできたと言えます。

このように複数の子会社や関連会社で組織を構成する背景には，ITは進化が早いため，自社だけで開発をしているとライバルとの競争に追いつかないという理由があります。そこで，テクノロジー開発に特化したベンチャー起業などを買収して，自社のサービスに取り込むのが特徴です。とても合理性の高い経営戦略ですが，一方で買収した会社の企業価値が下落すると自社の資産が減

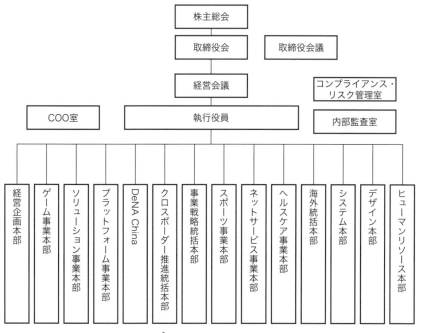

図14-1　ディー・エヌ・エーの組織図

[出所] 株式会社ディー・エヌ・エーHP[1]を参照し筆者作成

るリスクもあります。

　ディー・エヌ・エーの組織図（**図14-1**）を見ると，本部はサービスごとの部署で構成されていることがわかります。このような組織を「カンパニー制」（p.121のKEYWORD参照）といい，部署ごとの裁量が重んじられているために，各部署のマネージャーがスピーディーに意思決定を行うことができます。日々新しい技術や変化を取り入れることが必要なIT業界に向いている組織だと言えるでしょう。

　表14-1は，サイバーエージェントの職種別従業員比率です。ビジネス職が66.1％と多く，エンジニア職は23.3％です。IT業界の企業はエンジニアが多いのかなとイメージしがちですが，デジタルビジネスは企画やセールス，マーケティングの専門性を持った優秀な人材が他社との差別化になります。

　例えばサイバーエージェントの事業には，自分にぴったりの恋人を見つける

171

表14-1	サイバーエージェントの職種別従業員比率			
ビジネス職	エンジニア職	クリエイター職	社員総数（人）	平均年齢（歳）
66.1%	23.3%	10.6%	1,646	32.6

［出所］株式会社サイバーエージェントの「有価証券報告書」，HPを元に筆者作成

アプリ「タップル誕生」（株式会社マッチングエージェント）や，エンターテインメント企業のチケット販売やライブビューイングといったデジタル化を支援するサービス（株式会社OEN）などがあります。これらは個人や産業が持つ課題から生まれたものです。

　エンジニア職は，こうした企画を実際に商品にする仕事です。エンジニア職が担当するサービス開発の一部は，関連企業や外部企業との提携で行うことが多いため，ビジネス職に比較すると比率は小さいですが，今後は自社で優秀なエンジニアをどれだけ活躍させられるかが，競争優位性になります。

4　ビジネスモデル

　ITサービス企業は，ビジネスモデルをひときわ重要視します。ここで分析している企業のビジネスモデルは，プラットフォームビジネスの典型例です。プラットフォームとは，複数のユーザーを結びつける場を作って製品やサービスを提供したり，他社が作った製品と自社の製品・サービスを組み合わせて価値を作るビジネスです。

4-1　媒介型プラットフォーム

　サイバーエージェントが主力事業としている広告代理業は，多くの人が閲覧するサイトに広告を出して自社の製品を宣伝したい企業と，ネット上でブログを書いたり動画を配信し，そのコンテンツを収益化したいクリエイター，コンテンツを利用するユーザーといった複数の利用者を媒介し，双方に価値を提供します。ZOZOは「販売委託」という業態で，アパレルメーカーの商品を「ZOZOTOWN」というデジタルのモールに品揃えし，買い物に来たユーザーとメーカーとを媒介します。このように複数のクライアントやユーザーを結び

図14-2 媒介型プラットフォームのビジネスモデル（サイバーエージェント）

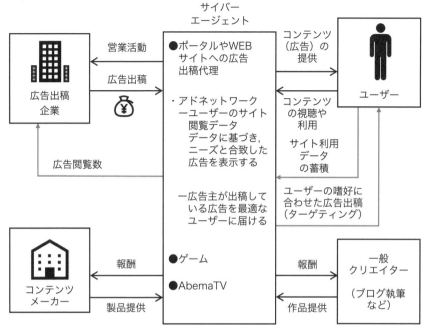

[出所] 筆者作成

つける場やサービスを作るビジネスモデルを「媒介型プラットフォーム」（根来, 2017）と呼びます（**図14-2**）。

　媒介型プラットフォームは自社で製品を作りませんが, 複数のユーザーを媒介する場で情報や製品といったサービスを便利に得るためのルールを作ります。

　サイバーエージェントは広告主から広告掲載の手数料を, ZOZOは商品が売れた際にメーカーから手数料を得ます。

MEMO　媒介型プラットフォームが作るサービスの仕組み

　例えば，サイバーエージェントが運営していた「Abemaブログ」のサービスでは「美容」「エンタメ」「デジタル」といったブロガーの記事内容を読むユーザーに最適な広告をアドテクノロジーを使って掲示します。AIを使った広告支援ではさらに進み，ユーザーのデータに基づき，より認知度の上がる画像レイアウトを提案して掲示するサービスが開発されています。ZOZOTOWNは，ユーザーが買い物をすればするほど購入したサイズ等の情報が蓄積され，次の買い物の時に適切なサイズをレコメンドする機能を提供しています。

4-2　基盤型プラットフォーム

　ディー・エヌ・エーのゲーム事業は，同じプラットフォームでも「ゲームを購入し，遊ぶ」ための基盤になるサービスと，そのプラットフォームで遊ぶための補完品である独立したゲームタイトルの組み合わせで価値を提供する「基盤型プラットフォーム」（根来，2017）というビジネスモデルです（**図14-3**）。ディー・エヌ・エーは，ゲーム開発企業と提携をして自社オリジナルのゲームタイトルを制作しています。完成したゲームは自社のSNSサービス「Mobage」上で配信され，プレイヤーにはアバターを作るサービスや，ランキング機能，仲間とゲームを一緒にプレイするソーシャル機能が提供されます。収益はゲーム内課金や，広告掲載料，外部ディベロッパーからの販売手数料です。

　「媒介型プラットフォーム」「基盤型プラットフォーム」ともに，インターネットにアクセスをしているサービスはユーザーの数が多くなれば，それだけプラットフォームの価値が向上する「ネットワーク外部性」（p.180のKEYWORD参照）の性質を持ちます（「Mobage」であればゲームに参加するユーザーが多いほど仲間と出会う楽しみが増える，「ZOZOTOWN」であれば出品するアパレルメーカーが多いほど選択の多様性がある）。プラットフォームビジネスを行う企業は，ユーザーとつながる仕組みやポイント，購入体験の良さなど魅力のあるサービスを開発して顧客を増やすことが成功につながります。

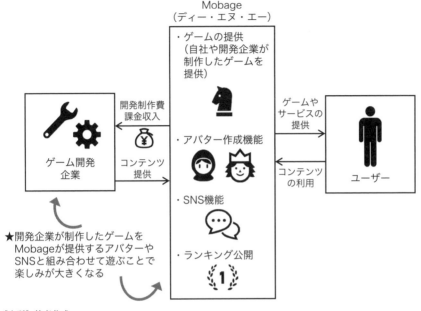

図14-3 基盤型プラットフォームのビジネスモデル
（Mobage/ディー・エヌ・エー）

Mobage
（ディー・エヌ・エー）

・ゲームの提供
（自社や開発企業が
制作したゲームを
提供）

開発制作費
課金収入

ゲーム開発
企業

コンテンツ
提供

・アバター作成機能

ゲームや
サービスの
提供

コンテンツ
の利用

ユーザー

・SNS機能

★開発企業が制作したゲームを
Mobageが提供するアバターや
SNSと組み合わせて遊ぶことで
楽しみが大きくなる

・ランキング公開

［出所］筆者作成

5　稼ぐ力（財務分析）

　インターネット業界は，スマートフォンなどのデバイスの普及や，通信環境
の充実に市場規模が影響されます。分析対象の3社とも過去3年は収益を伸ば
している，あるいは大きく減っていませんが（**図14-4**），同じビジネスを長
く続けているだけでは後から競合が登場して価格競争になるリスクもあります。
どれだけ新しいビジネスを創出できるかが収益拡大の上で重要になります。

　サイバーエージェントは2016年に開局したインターネットテレビ局「Abema
TV」への中期的な投資を続けていて，メディア事業の利益は赤字が続いてい
ます。それでも会社全体としての収益が増加し続けているのは，インターネッ
ト広告の市場拡大とゲーム事業でのヒット作創出によるものです。

175

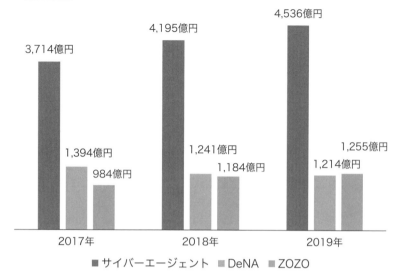

図14-4 主要IT企業3社の売上高推移（2017年度〜2019年度）

4,536億円

4,195億円

3,714億円

1,394億円　　　1,241億円　　　　　　1,255億円

984億円　　　　1,184億円　　　1,214億円

2017年　　　　2018年　　　　2019年

■ サイバーエージェント　■ DeNA　■ ZOZO

［出所］株式会社サイバーエージェント，株式会社ディー・エヌ・エー，株式会社ZOZOの「有価証券報告書」（2019年度通期）を元に筆者作成

　ディー・エヌ・エーは，主力事業のゲームで任天堂や人気漫画キャラクターとの提携を行い，安定した収益を維持しています。2019年度は買収したアメリカの子会社の企業評価が下がるなどの要因で営業利益が赤字となりました。現在進めているモビリティやヘルスケア事業とのバランスが今後重要になりそうです。

　ZOZOは，サイトでの一律値引きサービスに対して，大手アパレルメーカーがブランド価値の毀損を回避するために離脱したことが話題になりましたが（2018年），取り扱いブランドの拡充を続けて順調に収益を伸ばしています。

　本章で分析している3社とも，資産で大きいのは無形固定資産です。その中でも，「ソフトウェア」という項目が大きいのがIT企業の特徴です。「ソフトウェア」は，自社が開発したデジタルサービスやアプリ，それに伴うシステムの価値を資産とするものです。各社の営業収益は**図14-5**の通りです。

図14-5　主要IT企業３社の営業収支実績比較（2019年度）

サイバーエージェント
売上高営業利益率
6.8%

営業費用
4,228億円

売上高
4,536億円

営業利益
308億円

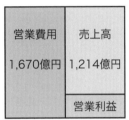

DeNA
売上高営業利益率
−37.6%

営業費用
1,670億円

売上高
1,214億円

営業利益
−456億円

ZOZO
売上高営業利率
22.2%

営業費用
976億円

売上高
1,255億円

営業利益
279億円

[出所] 株式会社サイバーエージェント，株式会社ディー・エヌ・エー，株式会社ZOZOの「有価証券報告書」（2019年度通期）を元に筆者作成

表14-2　ITサービス業界３社の自己資本比率と無形固定資産倍率比較

企業名	総資本	純資産	自己資本比率	無形固定資産倍率
サイバーエージェント	2,249億円	1,104億円	49.0%	1.8%
ディー・エヌ・エー	2,557億円	1,873億円	73.2%	2.3%
ZOZO	942億円	345億円	36.6%	0.2%

[出所] 株式会社サイバーエージェント，株式会社ディー・エヌ・エー，株式会社ZOZOの「有価証券報告書」（2019年度通期）を元に筆者作成（小数点１桁以下切り捨て）

第14章

ＩＴ業界

> ### 📝 MEMO 「無形固定資産倍率」
>
> 　近年，デジタル化が進む中で注目されるのが「無形固定資産倍率」です（**表14-2**）。IT企業は特許や商標，独自のアルゴリズムなどで構築したソフトウェア，M&Aを行った会社の価値といった無形資産の規模が大きいのが特徴です。多くの産業がデジタル化していく今後，独自のシステムや特許はビジネスとしての拡大が見込めます。
>
> 　無形固定資産倍率は「無形固定資産総額÷有形固定資産総額」で算出することができます。サイバーエージェントの無形固定資産倍率は1.87で，日本の上場企業の中でも上位に入っています（2019年度通期決算資料による）。

6　「機会」と「脅威」の分析

　ここでは，3社に共通するITサービス業界の「機会」と「脅威」について分析を行います。引き続き市場の拡大が見込まれるIT業界ですが，国内ではすでに20代の9割以上がスマートフォンを持っており，デバイスの普及が最大化してしまうのは「脅威」となります。

　「機会」としては，AIやIoT，AR，VRといった新しい技術の実用化とともに事業拡張が見込めます。また，東アジア諸国やアフリカなど後発国でのスマートフォン普及に合わせたグローバルでの市場拡大も大きな機会と捉えるべきでしょう。社会変化に伴う機会としては，コロナ禍をきっかけとしたテレワークの拡大や，働き方改革に関連した新規事業も今後ニーズが高まります。実用化される5Gによって通信データ量とスピードが飛躍的に高まるため，今までにはない「体験型」のサービスも新規事業として実現する機会がありそうです。

　「脅威」としては，良いサービスを提供するほど顧客が急速に増えるインターネットビジネスでは，一社が顧客と収益を独占する「一人勝ち」になりやすく，規模を拡大しすぎると独占禁止法などの法的規制を受けるリスクもあります。また，人と人の出会いを創出するマッチングビジネスでは，個人情報の取り扱いによるリスク，決済を伴うサービスでは不正アクセスによる架空請求といったリスクもあります。海外展開を拡大していく際には，展開先の国の法

表14-3 ITサービス業界の「機会」と「脅威」

Opportunity（機会）	Threat（脅威）
【社会変化を受けた機会】 ・少子高齢化，テレワーク推進を受けての新たなビジネス創造 ・後発国へのサービス・グローバル化 【デジタル化による新たな機会】 ・AI，IoT，AR，VRなどの技術を用いた新規ビジネス創造 ・5Gの普及を受けた新規ビジネス創造	・一人勝ちになった際の法律による事業への制約 ・個人情報漏えいやコンプライアンスリスク ・不正アクセスによる損害リスク ・海外展開の際の法律による制約

［出所］筆者作成

律も事業への制約になることも考えながらビジネスを生み出す必要があるでしょう（**表14-3**）。

✋ POINT 「米国でのSNS企業に対する責任の議会追求」

　2020年10月に，世界規模で巨大な影響力を持つ米国の企業，Google，Facebook，TwitterのCEOが米上院商務委員会に出席し，自社が提供するサービスの責任範囲について証言を行いました。焦点となったのは通信品位法230条で，SNSサービスに書き込まれた発言内容には，プラットフォームを運営する企業の責任は及ばないと定めた法律です。アメリカの大統領選挙に際して，マスメディアを超える影響力を持つようになったSNS企業のサービスに，ユーザーを偏った考えに導くコメントが意図的に投稿される影響の責任所在について議論されました。

　「プラットフォームは多くの人が価値を得るための場を提供するサービスである」という考え方を支えるこの法律により，米国の企業は大きな成長を遂げました。今後，米国の動向によって世界のプラットフォーム企業も影響を受ける可能性があります。

　インターネットのようにデジタルで人と人，商品やコンテンツがつながるサービスは，例え競争相手が多くても，ひとつの企業がずば抜けて大きな収益を独り占めする，「一人勝ち」という現象が起こります。この「一人勝ち」には，インターネットビジネスを象徴する，2つの「ネットワーク効果」が関わっています。

　2020年のコロナ禍で品切れが続出した任天堂の「あつまれ どうぶつの森」（※以降，あつもりと表記）の例で考えてみましょう。学校が休校になったり，外出が制限された時，それまでゲームで遊ばなかった人たちも，友達と遊んだり，チャットをする目的でゲーム機やソフトを購入する現象が起こりました。家族や友達の多くがすでに「あつもり」を持っているほど，このゲームは魅力的です。ひとつのサービスで，多くの人とコミュニケーションをとる機会が得られるからです。このように，使う人が増えるほど，ユーザーにとって商品やサービスの価値が高まる効果を「直接的ネットワーク効果」と言います。

　それだけではありません。「あつもり」では，アパレル企業が提供するキャラクター用の洋服を買ったり，コミックが読めたり，有名な美術館が所蔵する作品を鑑賞できるなど，様々な企業や団体のコンテンツを利用できます。このように，利用できるサービスや，組み合わせることで便利さが増す製品が増えることにより，ゲームそのものの価値が上がる現象を「間接的ネットワーク効果」と言います。

　ネットビジネスでは，この2つのネットワーク効果が上手く作用すると，急激にユーザー数とビジネスパートナーが増えて，サービスが「一人勝ち」となる現象が起こります。GAFAと言われる，検索ポータルのGoogle，ECのAmazon，SNSのFacebook，スマートフォンのAppleは，それぞれのビジネス領域で一人勝ちをした企業です。

7　まとめ

　デジタル技術の進化により新しい価値提供を生み出すIT企業は，これからも多くのビジネスチャンスがあります。今回分析した企業は今後，優秀なエンジニアの獲得を成長の鍵として考えていますが，同時に事業を創造するには，技術を用いたサービス企画立案，社会課題の調査や分析ができる人材も必要になっていくでしょう。

┃注┃

1 株式会社ディー・エヌ・エーHP
　https://dena.com/jp/company/overview.html
　（最終確認日：2021年2月28日）

 参考文献

根来龍之（2017）『プラットフォームの教科書：超速成長ネットワーク効果の基本と
　応用』（日経BP）
ロバート・H・フランク，クックP.J著，香西泰監訳（1998）『ウィナー・テイク・
　オール「ひとり勝ち」社会の到来』（日本経済新聞出版）

第
14
章

IT業界

📖✏️ ワークシート㉑【IT企業】気になる１社を選び，SWOT分析を
行ってみよう

気になった企業をひとつ選び，「強み」と「弱み」を整理して，SWOT分析を完成させましょう。「機会」と「脅威」にも，本章でまとめている項目の他に，自分で資料を調査して書き加えてみましょう。

	Strength（強み）	Weakness（弱み）
内部環境要因		
	Opportunity（機会）	**Threat（脅威）**
外部環境要因		

Part2 主要業界の企業分析

Part 3
実　践

第15章

企業研究を就職活動に活かすために

1 企業研究がなぜ大切なのか

　本章では，ここまで学んできたことを実際の就職活動に活かすポイントを学んでいきましょう。

　採用に際して学生のエントリーシートを読んでいると，会社について研究していないと思われる学生の記述は，文章からすぐにわかりますし，入社意欲が伝わりづらいです。自分自身について熱心に語られていても，なぜ受験する企業に魅力を感じるのかが書かれていなかったり，入社後，具体的にどのように自分の能力を活かせるかについての説得力に欠けていると，採用側としても決め手を見つけるのが難しいと感じてしまいます。

　そこで，ここまで学んできた企業研究を実践的に就職活動に活かす際，次のようなことを念頭に置いて情報をまとめるといいでしょう。

【エントリーシートにおける大事なポイント】
・自分の考えを客観的に認識し，初めて読む人でも理解できるよう論理的に伝えられる（論理的思考力，文章力）
・基本的な企業研究を行っている（情報収集力・分析力）
・企業の活動と，自分の目標をしっかりと重ね合わせて入社後をイメージできている（共感力・創造力）

2 「自己PR」で何を伝えるべきか

　第2章では，歴史分析を行いながら，企業には自社の活動の元となる資源（保有する財産，人材や能力）を通じて，顧客や社会に価値を提供していることを学びました。企業が社会にどのような価値を提供するかを言葉にしたのが，「経営理念」です。同様に，個人も人それぞれの人生を送りながら，蓄えてきた能力や理念を持っているはずです。

　エントリーシートで必ず記述する「自己PR」には，【ワークシート2】で記述した「あなたの資源や能力」を振り返り，客観的にまとめてみましょう。

・自分にはどのような「強み（能力)」があるのか。
・その「強み」は，いかなる活動を通じて形成されてきたのか。
・あなたが，自分自身の「強み」を蓄積できたのは，どのような理念（信念，目標，ゴール）があったからか。
・あなたの「強み」を使って，社会や，関わる人にどのような価値を提供できるか。
・あなたの強みや理念（目標，ゴール)，誰かに与える価値は，志望する企業の理念や提供価値と，どのように関わるか。自分は志望する企業の理念にどのように共感しているか。

3 「志望動機」で何を伝えるべきか

　志望動機は，どのくらい企業研究をしているかが最も表現される項目です。分析した内容を元に考察した企業の将来性や，自分が貢献できそうな仕事について具体的に述べましょう。

　ここでは，【ワークシート5】で書き出した「組織図」，【ワークシート6】でまとめた「自分の専門性」，【ワークシート8・9】でまとめた「ビジネスモデル分析」が活用できます。

185

● 「組織図」からまとめられること

・具体的に，どの部署の，どのような職種に就きたいのか

● 「自分の専門性」からまとめられること

・志望する企業のビジネスモデルを実施していく上で，自分が大学で学んだ専
　門性を具体的にどのように活かすことができるか

・希望する部署や職種で，自分の専門知識や経験を，どのように役立てること
　ができるか

● 「ビジネスモデル分析」からまとめられること

・志望する企業のビジネスモデルについて，どのように考えたか

　―企業の資源や能力の活用について，どのような点に共感したか

　―ビジネスモデルは社会や，関わるパートナーにどのようなよい影響を与え
　　ていると考えたか

　ひとつひとつを，企業研究で調査した事実と照らし合わせながら，具体的に
論じていくことが重要です。なぜ自分が，希望するその企業で活躍できるのか
を客観的に，わかりやすいエピソードを例に用いながら説明するといいでしょ
う。

4 「気になる社会問題」で何を伝えるべきか

　エントリーシートでは，気になっている社会問題についての記述を求められ
ることもあります。このような項目は，日頃からニュースに触れ，課題解決に
ついて考える習慣があるかどうか，また企業が直面する大きな社会変化や環境
変化を理解しているかどうかを問うものです。

　個人的に気になっている問題意識を書くことも決して間違いではないのです
が，せっかく社会への関心や自分の考え方を伝えるならば，企業と自分とがい
かに問題意識を共有できているかを知ってもらえるといいでしょう。

　この項目は，【ワークシート13】SWOT分析の，「機会」と「脅威」で分析

した企業に影響を与える「外的環境要因」から構想を練ってみましょう。

　第5章や第6章以降で学んだように，技術革新や地球環境変化は，企業の活動に大きな影響を与えます。『有価証券報告書』に記載されている「企業のリスク」の項目から，関心を持ったトピックスについて調べてみるといいでしょう。日頃からニュースを確認し，気になった話題についてノートを作っておくことも力になります。その際，事実を調べたり，まとめるだけではなく，どうしたら課題を解決できるかを自分なりに考え，論理的に説明できるようになるといいでしょう。

●「機会」と「脅威」の分析から考えてみること
・志望企業に関わる社会変化，環境変化，制度変化にはどのようなことがあるか
・その中で自分が大きな関心を持ったことは何か，またなぜ関心を持ったのか
・社会と企業が直面する課題を，どうしたら解決できるか

　このように，企業研究を行いまとめた内容を自分自身と関連させ考えることで，自分が社会の一員として何に貢献したいのか，どのように課題を解決していきたいのかを具体化していきましょう。

あとがき

　本書は，筆者が大学での「産業構造論」の教鞭を取る中で用いてきた映画業界の分析を元に加筆をしたものです。講義を通して学生たちの意見に触れる中で，経営学部以外の学生は企業分析の方法を習得する機会が限られており，それが自身の進路選択の際に大きな迷いや不安を生じさせている点に大きな問題意識を持ったことが出版のきっかけでした。

　この原稿を執筆している2020年は，コロナ禍により多くの企業が事業活動・業績において想定外の変化を経験するとともに，新たなビジネスモデル，働き方を検討する節目となりました。同じく，社員の採用方式についても日本は今，大きな転換点を迎えています。トヨタ自動車をはじめとする上場企業が終身雇用制を廃止すると宣言し，ソニー株式会社や富士通株式会社は新入社員のジョブ型採用に本格的な移行を始めました。このような時代に生きるからこそ，学生時代に自分自身と進路を見極めることはとても重要です。

　本書はMBAで学ぶ企業研究のためのフレームワークを基本とし，その思考法を個人の分析にも応用してワークシートを作成しました。この応用については筆者のアイデアであり，本来の経営研究の目的から外れている点もありますが，学生が企業と同じように，自分自身をロジカルに分析できる手立てとして掲載をいたしました。

　MITスローンスクールでキャリアの研究を行い，大きな功績を挙げたエドガー・H・シャインは，1978年に出版した『キャリア・ダイナミクス』（日本での翻訳書は1991年に二村敏子・三善勝代翻訳で白桃書房より出版）の中で，仕事の選択と積み重ね，つまりキャリアは「『個人の生活全体』と関連づける必要がある」と述べています。シャインが丹念な調査の上に築き上げた，「社会で働き貢献することと，個人の生活との調和」が今こそ日本でも求められています。企業を知ることはまた，自分がいかに生きたいかを知るヒントになるでしょう。

　本書がひとりでも多くの読者にとって，企業と自分を見つめる手立てとなれば幸いに思います。

最後に，中央経済社の編集担当である市田由紀子さんには企画のご相談時から，執筆などの全工程で，たいへん的確なアドバイスをいただきました。市田さんに，心より感謝を申し上げます。

2021年3月

富樫　佳織

●著者紹介

富樫 佳織（とがし かおり）

京都精華大学メディア表現学部メディア情報専攻准教授。
学習院大学法学部卒業。早稲田大学商学研究科修了（MBA）。
NHK（日本放送協会），放送作家，WOWOW プロデューサーを経て現職。
専門は，コンテンツビジネス，ビジネスモデル，プラットフォームビジネス。
放送番組の受賞歴に，『Blueman Group Connect to Japan』（WOWOW）での
第 40 回国際エミー賞アート番組部門ファイナリスト，第 2 回衛星放送協会オリ
ジナル番組アワード中継番組部門最優秀番組，高柳財団第 41 回科学放送高柳賞
企画賞等がある。
著書に『この 1 冊で全部わかる　ビジネスモデル』（共著，SB クリエイティブ）
など。

文系学生のための企業研究
■自分に合う業界・企業を見つけよう

2021年 5 月20日　第 1 版第 1 刷発行

著　者　富　樫　佳　織
発行者　山　本　　　継
発行所　㈱中　央　経　済　社
発売元　㈱中央経済グループ
　　　　パ ブ リ ッ シ ン グ

〒101-0051　東京都千代田区神田神保町1-31-2
電話　03 (3293) 3371 (編集代表)
　　　03 (3293) 3381 (営業代表)
https://www.chuokeizai.co.jp
印刷／三 英 印 刷 ㈱
製本／㈲井 上 製 本 所

ⓒ 2021
Printed in Japan

ベーシック＋プラス
Basic Plus

Let's START!

学びにプラス！
成長にプラス！
ベーシック＋で
はじめよう！

いま新しい時代を切り開く基礎力と応用力を兼ね備えた人材が求められています。
このシリーズは，各学問分野の基本的な知識や標準的な考え方を学ぶことにプラスして，一人ひとりが主体的に思考し，行動できるような「学び」をサポートしています。

ベーシック＋専用HP

教員向けサポートも充実！

中央経済社

一般社団法人
日本経営協会［監修］

特定非営利活動法人
経営能力開発センター［編］

経営学検定試験公式テキスト

経営学検定試験（呼称：マネジメント検定）とは，
経営に関する知識と能力を判定する唯一の全国レベルの検定試験です。

① 経営学の基本
（初級受験用）

② マネジメント
（中級受験用）

③ 人的資源管理/
経営法務
（中級受験用）

④ マーケティング/
IT経営
（中級受験用）

⑤ 経営財務
（中級受験用）

中央経済社

Internet of Things

IoT 時代の 競争分析 フレームワーク

バリューチェーンからレイヤー構造化へ

根来龍之・浜屋　敏[編著]

早稲田大学ビジネススクール根来研究室[著]

<目次>

A5判・ソフトカバー・234頁

中央経済社